범망경 ●지장경

불교경전

❽

경 망 범
경 장 지

자비와 윤리의 경전 ● 一指 譯

민족사

일러두기

1. 본 민족사판 지장경과 범망경은 우리나라 불교신자들의 일상경
   전으로써 널리 수지독송되고 있으므로 가능한 평이한 문제로
   한글을 전용했으나 꼭 필요한 한자(漢子)는 괄호안에 표기하였
   다.
2. 본서에 수록된 경전은 내용과 구성에 따라 단락을 나누고 필요
   한 소재목을 배열하였으며 독자들의 편의를 위하여 상세한 역
   주와 해제를 수록했다.
3. 일반적으로 잘 알려져 있는 불, 보살의 명호와 인도의 절 이름,
   지명은 본서의 번역에 사용된 저본이 한역불전이므로 한자음을
   따랐다. 아울러 한자음이 변하여 한글음으로 통용되고 있는 관
   용음은 그대로 적었다.
4. 본 민족사판 범망경과 지장경 번역에 사용된 저본은 다음과 같
   다.
   ① 범망경 : 《梵網經盧舍那佛說菩薩心地戒品》海印寺 千華律院
     版
   ② 지장경 : 唐 實叉難陀 譯《地藏菩薩本願經》(大正藏 13)
   이 밖에도 최근까지 출간된 다수 역본들을 참고하였다.

범 망 경
차 례

지 장 경
차 례

차   례

범 망 경

제1장 서 품

노사나불의 설법

그때 노사나불(盧舍那佛)[1]께서 대중들을 위하여 백천 항하사 불가설 법문 중의 심지(心地)[2]를 간략히 열어 보이셨으니 이는 털끝에 묻은 티끌과 같은 것이었다.

이는 과거 모든 부처님이 이미 설했고, 또 미래의 부처님들도 마땅히 설할 것이며 현재의 부처님도 마땅히 설하는 것이다. 뿐만 아니라 과거 · 현재 · 미래(삼세)의 모든 보살들도 이미 배웠으며 또 마땅히 배울 것이며 지금 배우는 것이다.

내가 백겁이 지나도록 심지(心地)를 수행하였으니 이름을 노사나(盧舍那)라고 하며 그대들 제불(諸佛)은 내가 설하는 바를 일체중생에게 전하여 심지(心地)의 도(道)를 열게 하여라.

그때 마침 연화대장세계(蓮華臺藏世界)의 혁혁천광사자좌(赫赫天光師子座)에 앉아 계시던 노사나불이 빛을 발하시며 천 송이의 연화 위에 앉아 있는 부처에게 말씀하셨다.

"나의 심지법문품을 수지하고 가서 천백억 석가모니 부처와 일체중생에게 전하라. 이제 심지법문품을 설하리니 그대들은 잘 수지 독송하고 한마음으로 행할지니라."

천백억의 석가

그때 천 송이의 연화 위에 앉아 있던 천백억 석가가 연화장세계의 혁혁천광사자좌(赫赫天光師子座)에서 일어나 각각 불가사의한 광명을 발하면서 물러갔다.

그 광명은 모두 수많은 부처로 나타나서 일시에 청색 황색 적색 백색의 꽃으로 노사나불(盧舍那佛)께 공양한 뒤, 위에서 설한 심지법문을 수지하여 마치고, 각각 연화장세계에서 물러나 체성허공화광삼매(體性虛空花光三昧)에 들었다. 그리고 본원세계(本源世界) 염부제의 보리수 아래로 돌아가 체성허공화광삼매로부터 나와서 금강천광왕좌와 묘광당에서 십세계해(十世界海)를 설하고, 다시 제석궁(帝釋宮)³⁾에 이르러 십주(十住)⁴⁾를 설하고, 자리에서 일어나 염천중(炎天中)에 이르러 십행(十行)⁵⁾을 설했다.

다시 자리에서 일어나 제사천(第四天) 중에서 십회향(十廻

向)⁶를 설하고 화락천(化樂天)⁷에 이르러 십선정(十禪定)⁸을 설했다. 다시 타화천(他化天)⁹에 이르러 십지(十地)¹⁰을 설하고 일선(一禪) 중에 이르러 십금강(十金剛)¹¹을 설하고, 이선(二禪) 중에 이르러 십인(十忍)을 설했다.

다시 삼선(三禪) 중에 이르러 십원(十願)을 설하고, 사선(四禪) 중의 마혜수라천왕궁(摩醯修羅天王宮)¹²중에 이르러 나의 본원 연화장세계노사나불(本源蓮華藏世界盧舍那佛)께서 설하신 심지법문품을 설했다. 그 나머지 천백억 석가도 또한 이와 다름이 없었으니 저 현겁품(賢劫品)에서 설한 바와 같다.

일체중생의 본원

그때 석가모니 부처님이 처음 연화장세계로부터 나타나 동방에서부터 천궁으로 들어가 마수화경(摩受化經)을 설해 마치셨다. 그뒤 남염부제(南閻浮提)¹³ 가이라국(迦夷羅國)¹⁴에 하생하셨으니 어머니의 이름은 마야(摩耶)이며 아버지의 자는 백정(白淨)이었다. 그의 이름은 실달이며 칠세에 출가하여 삼십에 성도하고 호를 석가모니불이라고 불렀다. 적멸도량의 금강화광왕좌와 마혜수라천왕궁에 앉아서 차례로 십주(十住)를 설하셨다.

그때 부처님께서 여러 대범천왕의 망라당(網羅幢)¹⁵을 보시고 인하여 설하시되 무량세계가 마치 그물코와 같아서 낱 낱 세계가 각각 다르고 그 다름이 또한 무량하니 부처님의 가르침도 이와 같았다.

내가 이제 이 세계에 오기를 팔천 번 하였으니 이 사바세계[16]를 위해 금강화광왕좌와 마혜수라천궁에 앉아서 간략히 심지법문을 설해 마친 뒤, 다시 천왕궁으로부터 염부제의 보리수 아래에 이르기까지, 이 지상의 일체중생과 어리석고 어두운 사람들을 위하여 나의 본사(本師)이신 노사나불께서 심지(心地) 중의 초발심으로부터 항상 외우시던 한 가지 계(戒)인 광명금강보계를 설하리니 이는 일체 모든 부처의 본원이며 일체보살의 본원이며 불성종자(佛性種子)이다.

일체중생이 모두 부처님의 성품을 갖추고 있어 일체 의식(意識)과 색심(色心)과 정(情)과 마음이 모두 불성계(佛性戒) 가운데로 들어가나니 항상 마땅한 인연이 있으므로 법신이 상주함이로다.

이와 같이 십바라제목차(十波羅提木叉)[17]를 세계에 내놓으니 이는 법계(法戒)이며 삼세 일체중생이 머리에 이고 받들어 지님이로다.

내가 이제 마땅히 대중들을 위하여 거듭 무진장계품을 설하노니 이는 일체중생의 계이며 본원자성이 청정함이로다.

계에 의해 제불의 지위에 오르다

내가 이제 노사나불의 연화대에 앉았으니 두루 펼쳐진 천 송이의 연꽃 위에 다시 천 석가가 있느니라. 한 송이에 백억 국(國)이요 일국(一國)에 한 석가로다. 각각 보리수에 앉아서 일시에 불도를 이루었으니 이와 같이 천백억 석가는 노사나불이 본신이로다.

천백억 석가가 각각 미진의 대중을 데리고 모두 나의 처소에 와서 나의 불계(佛戒) 외움을 듣노니 감로문이 이제 열림이로다.

이때 천백억 석가가 본래의 도량으로 돌아가 각각 보리수에 앉아서 나의 본사계(本師戒)인 십중사십팔경계(十重四十八輕戒)[18]를 외우노니 계는 밝기가 해와 달 같으며 또한 보배구슬과 같아서 미진과 같은 보살의 무리가 이로 말미암아 정각을 이룸이로다. 노사나불께서 외우실새 나도 또한 이와 같이 외움이로다.

그대들 새로 배우는 보살들도 계를 머리에 받들고 수지할 것이며 이미 계를 받았거든 모든 중생에게 전수할지어다.

나의 계 외움을 잘 들으라.

불법 중의 계장(戒藏)은 바라제목차(波羅提木叉)니라.

대중은 지성스러운 마음으로 믿으라.

그대는 장차 부처가 될 것이요, 나는 이미 부처를 이루었으니 항상 이와 같이 믿으면 계품(戒品)이 스스로 구족하리라.

일체 마음 있는 중생은 모두 마땅히 불계(佛戒)를 받으라.

중생이 불계를 받으면 곧 제불의 지위에 들어감이로다. 위(位)가 대각(大覺)과 같아야만 참된 불자일지니 대중은 마땅히 공경하여 지극한 마음으로 나의 계 외움을 들으라.

효와 계는 하나

그때 석가모니 부처님께서 보리수 아래에 앉으셔서 위 없는 바른 깨달음을 이루시고 처음으로 보살의 바라제목차(波羅提木叉)을 말씀하시니 부모와 스승, 스님 그리고 삼보(三寶)에 효순(孝順)하는 것이니라.

효는 이름하여 계(戒)라고 하며 또한 이름하여 제지(制止)라고 함이로다.

부처님께서 입으로 무량한 광명을 발하시니 이때 백천만억 대중과 여러 보살, 십팔범천과 육욕천자(六欲天子)[19]와 십육대국왕(十六大國王)[20]이 합장하고 지극한 마음으로 부처님께서 외우시는 일체제불의 대승계를 들었다.

계는 제불의 근원

부처님께서 모든 보살에게 말씀하시되 내가 지금 반월반월(半月半月 15일)[21]마다 스스로 모든 부처님의 법계(法戒)를 외우노니 그대들 일체발심보살과 십발취(十發趣)[22], 십장양(十長養)[23], 십금강(十金剛)[24], 십지에 오른(十地) 모든 보살들도 또한 독송하라.

이런 까닭에 계(戒)의 광명이 입으로부터 나온 것이니 인연이 없는 것이 아니니라.

그러므로 모든 빛이 청색이나 황색, 적색, 백색, 흑색이 아니며 색(色)도 아니고 마음도 아니며(非色非心) 있는 것도 아니고 없는 것도 아니며(非有非無) 또 인과법(因果法)도 아니니, 이는 모든 부처님의 본원이며 보살도를 행하는 근본이며, 바로 대중불자의 근본이니라.

그러므로 불자들은 마땅히 수지하고 독송하며 잘 배울지니라.

불자들이여, 잘 들으라.

만약 불계(佛戒)를 받으려고 하는 자가 국왕(國王)이나, 왕자, 백관(百官), 재상, 비구, 비구니, 십팔범천(十八梵天), 육욕천자(六欲天子), 서민(庶民), 황문(黃門)[25], 음남(淫男), 음녀(淫女), 노비(奴婢), 팔부귀신(八部鬼神)[26], 금강신(金剛神), 축생과 내지 변화로 나타난 사람일지라도 단지 법사의 말을 알아들을 수 있으면 모두 계를 받을 수 있으니 모두 이름하여 제일청정자(第一淸淨者)라고 하느니라.

제2장 십중계(十重戒)

    부처님께서 모든 불자들에게 말씀하시되 "열 가지 중요한 바라제목차(十重波羅提木叉)가 있으니 만약 보살계를 받고 이 계를 외우지 않으면 보살이 아니며 부처님의 가르침을 닦는 불자가 아니니라.

    나 또한 이와 같이 외우노니 모든 보살들이 이미 배웠으며 또 모든 보살들이 다가올 미래에 배울 것이며 모든 보살들이 지금 배우느니라.

    이제 간략히 보살의 바라제목차(波羅提木叉)의 모습을 설하리니 응당히 배워서 공경하는 마음으로 받들어 수지할지어다."

제 1 계 산목숨을 해치지 말라

부처님께서 말씀하시되 만약 불자로서 스스로 산목숨을 죽이거나 다른 사람에게 죽이게 하거나 방편을 써서 죽이거나 찬탄하거나 속여서 죽이거나 죽는 것을 보고 기뻐하거나 주술로 죽이는 일을 하지 말지니, 죽이는 이유(殺因)[27]과 죽이는 까닭(殺緣)과 죽이는 방법(殺法)과 죽이는 업(殺業)으로 일체 생명있는 것을 짐짓 죽이지 말라.

보살은 마땅히 변함없는 자비심과 효순심(孝順心)을 일으켜서 방편으로 일체중생을 구호해야 하거늘 도리어 자만심과 즐거운 생각으로 살생하는 자는 보살의 바라이죄(波羅夷罪)[28]에 해당되느니라.

제 2 계 훔치지 말라

불자로서 스스로 훔치거나 다른 사람에게 훔치게 하거나 방편을 써서 훔치거나 주술로 훔치는 일을 하지 말지니, 훔치는 이유와 훔치는 까닭과 훔치는 방법, 훔치는 업(業)도 짓지 말라. 또 귀신의 것이나 주인이 있는 물건이거나 도둑이 훔친 것이거나 일체 모든 물건, 즉 바늘 한 개, 풀 한 포기라도 짐짓 훔치지 말지니라.

보살은 마땅히 부처님의 성품과, 효순심과 자비심을 일으켜 항상 모든 사람들에게 복락을 주어야 하거늘, 오히려 다른 사람의 재물을 훔치는 자는 보살의 바라이죄(波羅夷罪)에 해당되느니라.

제 3 계 사음하지 말라

불자로서 스스로 사음하거나 다른 사람들에게 사음하게 하거나 또는 일체 여인과 더불어 짐짓 사음하지 말지니 사음하는 이유와 사음하는 까닭과 사음하는 방법과 사음하는 업(業)으로서 축생녀와 제천(諸天), 귀신녀와 비도(非道)[29]로 사음하지 말지니라.

보살은 마땅히 효순심을 내어서 일체중생을 구원하여 청정법을 베풀어야 하거늘, 오히려 모든 사람들에게 음심을 일으켜서, 축생이나 어미나 딸이나 자매나 육친을 가리지 않고 음행하는 자비심이 없는 자는, 보살의 바라이죄에 해당되느니라.

제 4 계 거짓말 하지 말라

불자로서 스스로 거짓을 말하거나 다른 사람에게 거짓을 말하게 하거나 방편을 써서 거짓을 말하지 말지니, 거짓말 하는 이유와 거짓말 하는 까닭과 거짓말 하는 방법과 거짓말하는 업(業)도 짓지 말지니라. 또 보지 않고 보았다고 말하며 보고도 보지 않았다고 말하여서 몸과 마음으로 거짓을 짓지 말라.

보살은 항상 바른 말과 바른 견해로써 일체중생들에게 바른 말과 바른 견해를 내게 해야 하거늘 도리어 일체중생에게 삿된 말과 삿된 견해(邪見)와 삿된 업(邪業)을 일으키게 하는 자는 보살의 바라이죄에 해당되느니라.

제 5 계 술을 팔지 말라

불자로서 스스로 술을 팔거나 다른 사람에게 술을 팔게 하지 말지니, 술을 파는 이유와 술을 파는 까닭과 술을 파는 방법과 술을 파는 업을 짓는 등 일체의 술을 짐짓 팔지 말지어다.

술은 죄를 일으키는 원인이니 보살은 마땅히 일체중생에

게 맑고 통달한 지혜를 일으키게 해야 하거늘 도리어 일체 중생에게 전도(顚倒)된 마음을 일으키게 하는 자는 보살의 바라이죄에 해당되느니라.

제 6계 사부대중의 허물을 말하지 말라

불자로서 스스로 출가자나 재가자 또는 보살이나 비구, 비구니의 허물을 말하거나 또는 다른 사람에게 허물을 말하게 하지 말지니 허물을 말하는 이유와 허물을 말하는 까닭과 허물을 말하는 방법과 허물을 말하는 업도 짓지 말라.

보살은 외도악인과 이승악인(二乘惡人)[30]이 부처님의 가르침과 계율과는 다른 것을 말하거든 항상 자비심을 베풀어서 악인배를 교화하여 그로 하여금 대승의 바른 믿음을 내게 해야 하거늘 도리어 불법(佛法)의 허물을 말하는 자는 보살의 바라이죄에 해당되느니라.

제 7계 스스로를 높이고 남을 헐뜯지 말라

불자로서 스스로를 높이고 남을 비방하며 또 사람을 시켜서 스스로를 높이게 하고 남을 비방하게 하지 말지니 남을 비방하는 이유와 비방하는 까닭과 비방하는 방법과 비방하는 업도 짓지 말라.

　보살은 일체중생을 대신해서 스스로 비방과 욕됨을 받으며 나쁜 일은 자기에게 돌리고 좋은 일은 타인에게 돌려야 하거늘 만약 자기의 덕을 드러내기만 하고 타인의 좋은 일은 감추어서 타인으로 하여금 헐뜯음을 받게 하는 자는 보살의 바라이죄에 해당되느니라.

제 8 계 인색하여 중생을 괴롭게 하지 말라

　만약 불자로서 스스로 인색하거나 타인으로 하여금 인색하게 하지 말지니 인색한 이유와 인색한 까닭과 인색한 방법과 인색한 업도 짓지 말라.

　보살은 가난한 사람이 와서 구걸하면 그 사람의 필요한 바에 따라서 일체를 베풀어야 하거늘 도리어 나쁜 마음과 화내는 마음으로 바늘 한 개, 풀 한 포기도 주지 않으며, 또 법을 구하는 자가 있음에도 불구하고 그를 위해 한 구절의 게송이나 한가지의 법문도 일러주지 않고 도리어 꾸짖어 모욕을 주는 자는 보살의 바라이죄에 해당하느니라.

제 9 계 화내는 마음으로 참회를 거절하지 말라

불자로서 스스로 화내거나 다른 사람에게 화내게 하지 말지니, 화내는 이유와 화내는 까닭과 화내는 방법과 화내는 업도 짓지 말라.

보살은 마땅히 일체중생에게 좋은 인연으로 다툼이 없게 해야 하며 항상 자비심과 효순심을 내게 해야 하거늘 도리어 일체중생과 무정물(無情物)에 까지도 나쁜 소리로 꾸짖고 욕하며 손으로 때리거나 칼과 몽둥이로 해치고도 오히려 뜻을 쉬지 못하며 또 참회하기를 구하려는 사람이 좋은 뜻으로써 참회하여도 오히려 화를 풀지 않는 자는 보살의 바라이죄에 해당하느니라.

제 10 계 삼보를 비방하지 말라

불자로서 스스로 삼보(三寶)를 비방하거나 또는 다른 사람을 시켜 삼보를 비방하지 말라. 또 비방하는 이유와 비방하는 까닭과 비방하는 방법과 비방하는 업을 짓지 말라.

보살은 외도와 악인이 한마디라도 불법을 비방하는 소리를 듣거든, 삼백 대의 창으로 마음을 찌르는 것처럼 여겨야

하거늘 오히려 스스로의 입으로 비방하리오. 신심과 효순심
(孝順心)을 내지 않고 오히려 악인과 사견인(邪見人)과 함께
삼보를 비방하는 자는 보살의 바라이죄(波羅夷罪)에 해당되
느니라.

　잘 배우는 모든 어진이들이여, 이 보살의 십바라제목차
(十波羅提木叉)를 마땅히 배워서 그것을 조금이라도 범하지
말하야 하거늘, 하물며 열 가지 계(戒)를 모두 범하리오.
　만약 범하는 자가 있다면 현재의 몸으로 보리심을 발하지
못하며 또한 국왕의 자리와 전륜왕의 자리를 잃을 것이며
비구(比丘), 비구니(比丘尼)의 자리를 잃을 것이다.
　또한 십발취(十發趣), 십장양(十長養), 십금강(十金剛), 십
지(十地)와 불성상주묘과(佛性常住妙果)를 잃을 것이며, 일체
를 모두 잃고 삼악도(三惡道)에 떨어져서 이 겁, 삼 겁이 지
나도록 부모와 삼보(三寶)의 이름도 듣지 못하리니, 단 하나
라도 범하지 말지니라.
　그대 일체보살들은 지금 배울 것이며 미래의 보살들도 배
울 것이니 이와같은 십계를 공경스러운 마음으로 받들어 수
지하라.
　팔만위의품(八萬威儀品)에 마땅히 널리 밝혔느니라.

제 3 장 사십팔경계(四十八輕戒)

　부처님께서 모든 보살들에게 말씀하시되 이미 십바라제목차(十波羅提木叉)를 설해 마쳤으니 이제 마땅히 마흔 여덟 가지 가벼운 계[四十八輕戒]를 설하리라.

제 1 계 스승과 벗을 공경하라

　불자로서 국왕의 지위를 받을 때나 전륜왕의 지위를 받을 때 또 백관의 자리를 받을 때는 마땅히 먼저 보살계(菩薩戒)를 받으라.

　일체의 모든 신이 왕과 백관의 몸을 보호할 것이며 모든 부처님께서 환희하실 것이로다. 이미 계를 받았거든 효순심(孝順心)과 공경심을 내어서 상좌(上座)³¹⁾와 화상(和尙)³²⁾, 아사리(阿闍梨)³³⁾, 대덕(大德), 동학(同學 같이 공부하는 도반),

동견(同見 같은 생각을 갖은 사람), 동행자(同行者 같이 수행하는 사람)를 보거든, 마땅히 일어나 맞이하고 예배하며 문안해야 하거늘, 도리어 교만심과 어리석은 마음, 화내는 마음으로 영접, 예배하지 않으며, 하나하나 법다히 공양하지도 않으며, 스스로 몸을 팔고 나라와 성, 아들과 딸 칠보[34]와 백 가지 보물을 팔아서라도 공양해야 하거늘 만약 그렇지 않는 자는 경구죄(輕垢罪, 가벼운 죄)를 범하느니라.

제 2 계 술을 마시지 말라

불자로서 짐짓 술을 마시지 말라. 술은 한량 없는 허물[35]을 낳거니 만약 자신의 손으로 술잔을 들어 다른 사람에게 술을 마시게 할지라도 오백 생을 손이 없는 과보를 받게 되거늘 하물며 스스로 마시겠는가.

또한 모든 사람과 중생에게 마시게 해도 안 되거늘 하물며 스스로 마시겠는가. 만약 짐짓 스스로 마시거나 다른 사람들에게 마시게 하면 경구죄(輕垢罪)를 범하느니라.

제 3 계 고기를 먹지 말라

불자로서 스스로 고기를 먹지 말라. 또 일체중생의 고기를 먹지 말라. 고기를 먹으면 자비심과 불성종자(佛性種子)를 끊어서 일체중생이 보면 달아나게 되느니라. 그러므로 모든 보살들은 일체 중생들의 고기를 먹지 말지어다. 고기를 먹으면 한량없는 죄를 짓게 되느니라. 만약 고의로 고기를 먹으면 경구죄(輕垢罪)를 범하느니라.

제4계 오신채(五辛菜)를 먹지 말라

불자로서 오신채(五辛菜)[36]를 먹지 말지니 마늘, 부추, 파, 달래, 무릇[興渠 : 파, 마늘의 일종]과 같은 오신채를 모든 음식물에 넣어서 먹지 말지어다. 만약 스스로 먹는 자는 경구죄(輕垢罪)를 범하느니라.

제5계 참회하도록 가르치라

만약 불자로서 팔계(八戒)[37]나, 오계(五戒)[38], 십계(十戒)[39]를 범하는 것을 보거나 삼보를 헐뜯거나 칠역(七逆)[40], 팔난(八難)[41] 등의 일체 계율을 범하거든 마땅히 가르쳐 참회하도록 해야 한다.

보살이 이 같은 사람을 참회시키지 아니하고 함께 지내며 공양을 받으면 안 된다. 또 포살(布薩)[42]하며 대중과 함께 계를 드러내 참회시키지 않는 자는 경구죄를 범하느니라.

제 6 계 공양하지 않고 설법을 청하지 말라

만약 불자로서 대승의 법사(法師)와 대승울 배우는 지견이 같은 이(同見)와 같이 수행하는 도반(同行)이 백 리 천 리로부터 절이나 마을집, 성읍⁴³⁾으로 오는 것을 보거든, 곧 자리에서 일어나 영접하고 예배, 공양하라. 날마다 세 때를 공양하되 금 석냥 값어치의 백 가지 음식과 의자와 의약품으로 법사를 공양하라.

일체의 필요한 바를 남김없이 공양하며, 항상 법사에게 세 때 설법을 청할 것이며, 세 때 예배하되 화내는 마음과 괴로워하는 마음을 갖지 말고, 법을 위해 몸을 다하여 법을 청하는데 게으름이 없어야 하거늘 만약 그렇지 않는 자는 경구죄를 범하느니라.

제 7 계 찾아가 법을 청하라

불자여, 어떤 곳에서든 법과 비니(毘尼.계율)⁴⁴⁾와 경율을 강의하거나 큰 건물에서 법을 강의하는 곳이 있거든, 새로 배우는 보살은 마땅히 경율을 소지하고 법사가 있는 곳으로 가서 법을 청하여 듣고 여쭐지어다. 또 산림과 나무 밑, 절, 모든 설법처에 가서 법을 들을지니 만약 법을 듣고 묻지 않는 자는 경구죄를 범하느니라.

제 8 계 대승의 가르침을 등지지 말라

불자로서 대승의 가르침인 경전과 계율을 등지며, 또 부처님 말씀이 아니라고 말하며 이승(二乘)인 성문(聲聞)과 외도의 악견(惡見), 일체 금계(禁戒)를 어기며 삿된 경율을 수지하는 자는 경구죄를 범하느니라.

제 9 계 병든 이를 간호하라

불자로서 일체 병든 사람을 보거든 항상 마땅히 공양하되 부처님과 다름없이 할지어다. 여덟 가지 복전(福田)⁴⁵⁾ 가운데 병든 이를 간호하는 복전이 으뜸가는 복전이라.

만약 부모나 스승, 제자가 병들어서 몸이 불편하며 백 가지 병으로 고통받거든 모두 공양하여 낫게 해야 하거늘, 보살이 성내는 마음으로, 간호하지 않거나 승방과 성읍, 들, 산림, 도로에서 병든 이를 보고도 구제하지 않는 자는 경구죄를 범하느니라.

제10계 살생하는 도구를 두지 말라

불자는 모든 칼, 몽둥이, 활, 화살, 창, 도끼 등 싸움을 위한 무기를 두지 말며 그물과 덫 등의 살생도구를 두지 말지어다.

보살은 오히려 부모를 죽인 자에게도 원수를 갚지 않아야 하거늘 하물며 일체중생을 죽이리오. 중생을 죽이는 도구를 두지 말지니 만약 고의로 두는 사람은 경구죄를 범하느니라.

이와 같은 열 가지 계율을 마땅히 배울지니 공경하는 마음으로 받들어 지닐지어다.

육도품(六度品)중에 널리 밝혔느니라.

제11계 나라의 사절(使節)이 되지 말라

불자로서 자기의 이익을 위하는 나쁜 마음으로, 나라의 사신이 되어서 군진(軍陣)에서 회합하며 군대를 일으켜 서로 싸우게 하여 많은 중생들을 죽이게 하지 말라.

보살은 오히려 군진에 왕래하지도 말아야 하거늘 하물며

고의로 나라의 적이 되리오. 만약 고의로 범하는 자는 경구 죄를 범하느니라.

제 12 계 나쁜 상인이 되지 말라

불자로서 선량한 사람과 노비와 닭·소·개·말·양· 돼지 등 여섯 가지 짐승을 사고 팔며 거리에서 관(棺) 만드 는 나무와 판자 등 시체를 담는 도구를 판매하지 말라.

보살은 이와 같은 것을 스스로 만들거나, 팔지도 말아야 하거늘 하물며 다른 사람들에게 시켜 만들고 팔게 하겠는 가. 만약 짐짓 스스로 만들거나 다른 사람들에게 만들게 하 면 경구죄를 범하느니라.

제 13 계 비방하지 말라

불자로서 이유없이 선량한 사람과 법사, 사승(師僧), 국왕, 귀인 등이 칠역죄(七逆罪 일곱 가지 큰 죄)와 십중계(十重戒 열 가지 중요한 계)를 범했다고 비방하지 말라.

보살은 부모형제, 육친에게 마땅히 효순심과 자비심을 내 야 하거늘 도리어 비방과 해독을 가하여 좋지 못한 곳에 떨 어지게 하는 자는 경구죄를 범하느니라.

제 14 계 불을 질러 생명을 해치지 말라

불자로서 나쁜 마음으로 큰 불을 놓아서 산림과 광야를 태우며 특히 4월에서 9월 사이에 불을 질러서 타인의 가옥과 성읍, 절, 밭과 나무, 귀신궁물(鬼神宮物) 등을 태우지 말라. 또 모든 생명 있는 것을 고의로 불태우지 말지어다. 만약 고의로 불태우는 자는 경구죄를 범하느니라.

제 15 계 잘못 가르치지 말라

불자로서 모든 불제자로부터 외도악인과 육친과 일체 선지식에 이르기까지, 마땅히 대승의 경율을 수지할 것을 가르쳐서 그 뜻을 깨닫게 하고 또 십발취심(十發趣心), 십장양심(十長養心), 십금강심(十金剛心)의 서른 가지 마음을 순서대로 바로 가르쳐 알게 해야 하거늘, 보살이 나쁜 마음과 화내는 마음으로 성문(聲聞)과 외도사견의 경론을 가르치면 경구죄를 범하느니라.

제 16 계 이익을 위하여 그릇되이 설하지 말라

불자로서 마땅히 좋은 마음으로 먼저 대승의 위의(威儀)와 경율을 배워서, 그 뜻을 널리 깨닫고 난 후에, 새로 배우는 보살이 백 리, 천 리로부터 와서 대승의 경율을 구하거든, 법다히 그를 위하여 일체 고행을 설하되 "몸이나 팔, 손가락을 태워서 모든 부처님께 공양하되 그렇지 않으면 출가 보살이 아니니라."라고 일러주어야 하며, 또 "주린 호랑이나 사자와 일체 아귀에게, 몸과 수족을 버려서 공양할지어다"라고 말한 뒤, 순서대로 바른 가르침을 설하여 마음을 깨닫고 가르침의 뜻을 알게 해야 하거늘 만약 보살이 자신의 이익을 위하는 까닭에 제대로 알려주지 않으며, 경율문자를 그릇되이 설하고 앞뒤가 틀리게 하여 삼보를 비방하면 경구죄를 범하느니라.

제 17 계 세력을 믿고 강제로 구하지 말라

불자로서 자신의 음식과 돈과 이익과 명예를 위해서 국왕이나 왕자, 대신, 백관을 사귀어서 세력을 만들며 때리고 협박하여 남의 돈과 재물을 강제로 빼앗지 말라. 억지로 일체의 이익을 구하는 것은 나쁘게 구하는 것이며 분수에 넘치게 구하는 것이니 자기 이익에 눈이 어두워 자비심과 효순심이 없으면 경구죄를 범하느니라.

제 18 계 아는 것 없이 스승이 되지 말라

불자로서 마땅히 십이부경(十二部經)[46]을 배우되 계를 외우는 자는 날마다 여섯 번 때를 맞추어 보살계를 외워 그 뜻과 불성(佛性)을 깨달아야 한다.

만일 보살이 한 구절, 한 게송도 알지 못하면서 능히 잘 안다고 속이는 자는 스스로를 속이는 것이며 또한 타인을 속이는 것이다. 또 낱낱이 해석하지도 못하고 일체법을 알지도 못하면서 타인의 스승이 되어서 계를 주는 자는 경구죄를 범하느니라.

제 19 계 두 말을 하지 말라

불자로서 나쁜 마음을 품고, 계율을 지키는 비구가 향로를 들고 보살행을 행하는 것을 보고 트집을 잡거나 이간하여 싸움을 걸게하지 말라.

어진 사람을 속여서 끝없이 악을 짓게 하는 자는 경구죄를 범하느니라.

제 20계 방생을 행하라

불자여, 자비스러운 마음으로 방생을 행하라. 일체의 남
자는 나의 아버지요, 일체의 여인은 나의 어머니이니 내가
세세생생 그들의 몸을 빌려서 생을 받지 않는 바가 없다.

육도중생이 모두 나의 부모이거늘 죽여서 먹는 자는 곧
나의 부모를 먹는 것이며 나의 옛몸을 죽여서 먹는 것이니
라. 일체의 땅과 물은 나의 옛몸이요, 일체의 불과 바람은
나의 본체이니 항상 방생을 행할지어다.

세세생생에 몸을 받음은 영원한 법칙이라, 사람에게 두루
방생을 권하고 세상 사람들이 축생을 해치는 것을 볼 때는
마땅히 방편으로 구호하여 그 고난을 풀어주고 보살계를 강
설하여 중생을 제도해야 한다.

만약 부모형제가 죽거든 마땅히 법사를 청하여 보살계와
경율을 강설하여 죽은 이의 복을 도와서 제불을 친견하고
천상이나 인간 세상에 태어나게 해야 하거늘 만약 그렇게
하지 않는 자는 경구죄를 범하느니라.

이와 같은 열 가지 계율을 마땅히 배워서 지극한 마음으
로 받들어 수지하라. 멸죄품(滅罪品)중에 낱낱이 계상(戒相)

을 밝혔느니라.

제 21 계 화내고 때려서 원수를 갚지 말라

불자로서 화를 내어 원수를 갚거나 때려서 원수를 갚지
말라. 만약 부모나 형제, 육친의 원수일지라도 갚지 말며 나
라의 주인이 타인에게 죽임을 당했을지라도 원수를 갚지 말
라.

죽임으로써 죽임을 갚는 것은 효순하는 도가 아니니라.
아래 사람들을 꾸짖고 나무라서 날마다 입으로 짓는 세 가
지 죄도 한량없거늘, 하물며 고의로 칠역(七逆)의 죄를 짓겠
는가.

출가한 보살로서 자비심이 없이 육친의 원수에 이르기까
지 원수를 갚으면 경구죄를 범하느니라.

제 22 계 교만을 버리고 법문을 청하라

불자로서 처음 출가하여 아는 바가 없으면서도 스스로 총
명과 식견이 있다고 믿거나 혹은 스스로를 높이거나 나이
많음을 믿거나, 대성(大姓), 높은 가문, 많이 앎, 큰 복과 부
유함을 믿고서 교만한 나머지 먼저 배운 법사에게 경율을

배우고 묻는 것을 꺼려하지 말지니라.

그 법사가 이름 없는 성씨(姓氏)거나 나이가 어리거나 가문이 비천하거나 가난하거나, 몸이 불구라도 실로 덕이 있어서 일체 경율을 모두 알거든 이제 막 배우는 보살은 법사의 신분을 묻지 말아야 하거늘, 오히려 그러한 이유로 법사에게 제일의제(第一義諦)를 묻지 않는 자는 경구죄를 범하느니라.

제23계 교만심으로 가르치지 말라

만약 불자로서 부처님께서 멸도(滅度 열반, 입적)하신 후에 좋은 마음으로 보살계를 받고자 하거든, 불보살의 형상 앞에 나가서 스스로 계 받기를 서원하되, 마땅히 칠 일 동안 부처님 앞에 참회하여 감응을 얻으면 계를 받거니와, 만약 감응을 얻지 못하거든 마땅히 14일, 21일 내지 일 년 동안이라도 감응이 있기를 원할지니, 감응을 얻은 뒤에야 비로소 불보살의 형상 앞에서 계를 받을지니라.

만약 감응을 얻지 못하면 비록 불상 앞에서 계를 받았다고 할지라도 그것은 계를 받았다고 할 수 없나니라.

만약 먼저 보살계를 받은 법사 앞에서 계를 받을 때는 불보살의 감응이 필요치 않나니 왜냐하면 법사는 그 스승으로부터 온전히 계를 전해 받은 까닭이니라. 이로써 법사 앞에서 계를 받을 때 지극하고 정성스러운 마음을 발하면 곧 계를 얻을 것이니라.

만약 천 리 안에 능히 수계사(授戒師)가 없거든 불보살의 형상 앞에서 스스로 서원하여 계를 받되(自誓授戒)[47] 좋은 감응을 얻어야 하느니라.

만약 법사가 스스로 경율과 대승계를 잘 아는 것을 믿고서, 국왕, 태자, 백관에게는 잘 가르쳐 주고, 새로 배우는 보살이 와서 경전의 가르침과 율의(律儀)를 물으면 경시하는 마음과 나쁜 마음, 교만한 마음으로 잘 대답해주지 않으면 경구죄를 범하느니라.

제 24 계 부지런히 불계 (佛戒) 를 배우고 닦으라

만약 불자로서 부처님의 경율과 대승법과 바른 견해(正見), 바른 불성(正性), 바른 법신(正法身)이 있음에도 불구하고, 부지런히 배우고 닦고 익히지 않아서 칠보(七寶)를 버리며 이승(二乘)과 외도의 속전(俗典)과 아비담잡론(阿毘曇雜論)[48]을 배우는 것은, 불성을 끊는 것이며 도를 구함에 장애가 되는 인연이라, 보살도를 행하는 것이 아니니 만약 고의로 범하는 자는 경구죄를 범하느니라.

제 25 계 대중을 잘 섬기라

불자로서 부처님께서 멸도하신 후에 설법하는 사람(說法主)이 되거나 법을 행하는 사람(行法主)이 되거나 절 주인이 되거나 교화하는 주인이 되거나 좌선하는 주인이 되거나 행래하는 주인(行來主)이 되거든, 마땅히 자비심으로 잘 화합시키며 삼보의 재산을 잘 지켜서 헛되이 쓰지 않기를 마치 자기의 것과 같이 해야 하거늘, 도리어 대중을 어지럽히며 교만한 마음으로 삼보의 재산을 낭비하는 자는 경구죄를 범하느니라.

제 26 계 혼자 이익을 받지 말라

만약 불자로서 승방에 머물면서 신도나 비구가 절이나 마을, 성읍 또는 국왕의 택사, 하안거처의 큰 모임에 오는 것을 보거든, 마땅히 나아가서 맞이하여 음식으로 공양하고 방과 이부자리, 노끈의자, 나무의자 등의 여러 가지를 제공하여야 한다.

만약 공양물이 없거든 마땅히 자신의 몸과 아들 딸, 자신의 살을 베어 팔아서라도 필요한 물건을 공급하여 모든 것을 아끼지 말지어다.

또한 만약 신도가 와서 뭇 스님을 초청하거든, 객승도 공양받을 자격이 있으니 승방주는 마땅히 차례대로 객승도 불러 초청을 받게 해야 한다. 먼저 살던 스님만 혼자 초청을 받고 객승을 부르지 아니하면 승방주는 한량없는 죄를 얻게 되나니, 이는 축생과 다름이 없어서 사문(沙門)도 불제자도 아니며 경구죄를 범하느니라.

제 27 계 홀로 초청을 받지 말라

불자로서 별청(別請)을 받아서 홀로 공양을 받지 말라. 이 공양은 시방의 모든 스님들에게 속한 것이거늘, 홀로 초청을 받는 것은 곧 시방의 모든 스님들의 물건을 혼자 받는 것과 같은 것이 되며, 팔복전(八福田)인 모든 부처님과 성인, 모든 스님과 부모, 병든 사람의 재물을 자기가 취하여 짐짓 쓰는 것이므로 경구죄를 범하느니라.

제 28 계 스님을 차별하여 초청하지 말라

불자로서 출가보살과 재가보살과 모든 신도들이 복전(福田)인 스님을 초청하여 소원하는 바를 구하고자 할 때는, 마땅히 소임을 맡은 스님에게 "차례대로 시방의 어진 스님들을 청하고자 합니다"라고 말해야 하거늘, 오백 나한과 보살승은 따로 청하고 일체 범부승(凡夫僧)은 차례대로 초청하지 않는 것은 경구죄를 범하는 것이 된다.

또 스님들을 따로 초청하는 것은 바로 외도의 법이며, 칠불(七佛)[50]의 법도에는 스님을 별도로 초청하는 법이 없느니라. 이는 효순법이 아니니 만약 고의로 스님들을 따로 청하면 경구죄를 범하느니라.

제 29 계 나쁜 직업을 갖지 말라

불자로서 나쁜 마음으로 이익을 위해서 남녀의 색을 팔고, 자기의 손으로 음식을 만들거나 맷돌을 갈고 방아를 찧거나 남녀의 점을 보아서 길흉을 해몽하면 안 된다. 또 주술과 술법으로 남의 눈을 속이는 방법과 백 종의 독약과 천 종의 독약을 섞어서 뱀독과 금독(金毒)과 은독(銀毒), 벌레독을 만들지 말지어다. 이는 모두 자비심을 없애는 짓이며 효순심을 없애는 것이니 만약 고의로 범하는 자는 경구죄를 범하느니라.

제 30 계 속인과 어울려 나쁜 짓을 하지 말라

만약 불자로서 나쁜 마음으로 삼보(三寶)를 비방하면서도 가까이 모시는 척하며, 입으로는 공(空)을 말하면서 유(有)를 행하며 속인과 어울려 세속일을 생각하며, 남녀를 서로 소개하며 만나서 음행을 하게 하여 모든 속박을 짓고, 육재일(六齊日)[51]과 삼장재월(三長齊月)[52]에 살생, 도둑질을 하여 재를 파하고 계를 범하는 자는 경구죄를 범하느니라.

이와 같은 열 가지 계를 공경스러운 마음으로 받들어 지니라. 제계품(制戒品)중에 널리 밝혔느니라.

제 31 계 값을 치르고 구하라

불자여, 부처님께서 멸도(滅度)하신 뒤 악세(惡世)에, 만약 일체 외도와 악인과 도둑이, 부처님이나 보살, 부모의 형상을 팔거나 경율을 팔고 비구, 비구니를 팔며, 보리심을 발한 보살도인를 팔아서 관청이나 권문세가의 노비로 삼고자 하거든 보살은 이를 보고 마땅히 자비심을 베풀어서 방편으로 구호할지어다.

또 곳곳에서 교화하고 값을 치러서 불·보살의 형상과 비

구, 비구니, 발심보살과 일체 경율을 구해야 하거늘 않는 자
는 경구죄를 범하느니라.

제 32 계 중생을 해롭게 하지 말라

불자여, 칼, 몽둥이, 활, 화살을 쌓아두고 팔지 말며 저울
을 속이거나 되를 속여 팔지 말지어다. 관청의 위세를 믿고
다른 사람의 제물을 빼앗거나 해칠 마음으로 결박하여 공덕
을 파괴하지 말라. 고양이나 너구리, 돼지, 개를 기르지 말
지니 만약 고의로 기르는 자는 경구죄를 범하느니라.

제 33 계 나쁜 것을 보거나 듣지 말라

불자로서 나쁜 마음으로 모든 남녀의 싸움을 보거나 군대
가 진을 치고 싸우는 것을 보거나 도둑의 무리가 싸우는 것
을 보고 듣지 말지어다.
또한 나팔, 북, 뿔피리, 거문고, 비파, 쟁(箏), 피리, 공후,
노랫소리 등의 기악을 듣지 말며 바둑과 장기, 승마놀이, 주
사위 던지기, 제기차기, 공차기, 항아리구멍에 돌던져넣기,
팔도행성(八道行城)놀이를 하지 말며 거울조각, 버드나무 가
지, 발우, 해골로 점을 치지 말며 도적들의 심부름꾼이 되지

말라. 만약 고의로 범하는 자는 경구죄를 범하느니라.

제 34 계 잠시라도 보리심을 잊지 말라

불자로서 금계(禁戒)를 호지(護持)하여, 걷거나 서거나 앉거나 누울때나 아침, 저녁의 여섯 때에 모두 이 계를 독송하되, 마치 금강과 같이 굳게 하며, 바람주머니를 가지고 큰 바다를 건너는 것과 같이 하며, 초계비구(草繫比丘)[53]와 같이, 항상 대승에의 거룩한 믿음을 내어 나는 아직 성불하기 전이요, 모든 부처님들은 이미 부처를 이루었음을 깨달아 보리심을 발하게 할지어다.

또 생각생각마다 퇴굴하는 마음을 내지 말 것이며, 만약 한 생각이라도 이승성문(二乘聲聞)이나 외도의 마음을 일으키는 자는 경구죄를 범하느니라.

제 35 계 항상 발원을 하라

불자로서 항상 마땅히 일체의 원(願)을 발하되 부모, 스승, 스님에게 효순하고, 좋은 스승과 같이 배우는 선지식을 만나서, 대승경율과 십발취(十發趣), 십장양(十長養), 십금강(十金剛), 십지(十地)를 법다히 배워 바른 이치를 깨닫게 하고, 여법히 수행하도록 할 것을 발원하며, 부처님 계율을 굳게 지키는 일에 신명을 바칠지어다.

또 생각생각마다 물러섬이 없기를 발원할지니 만약 모든 보살들이 이와 같은 원을 발하지 않는다면 경구죄를 범하느니라.

제 36계 굳센 서원을 세우라

불자로서 다음과 같은 굳센 서원을 세워야 하느니, 부처님의 계율을 굳게 지니고 "차라리 이 몸을 타오르는 불구덩이와 칼산에 던질지언정 삼세제불의 경율을 훼손치 않으며 일체 여인과 더불어 부정한 행동을 하지 않겠다"라는 서원을 세우라.

또 "차라리 뜨거운 철망으로 천 겹으로 몸이 묶일지언정 파계한 몸으로 신심 있는 신도가 공양하는 일체의 옷을 받지 않으리라"라는 서원을 세우라.

또 "차라리 이 입으로 뜨거운 쇠구슬과 쇳물을 마시면서 백천 겁을 보낼지언정 파계한 입으로 신심 있는 신도가 보시하는 백 가지 음식을 먹지 않으리라"라는 서원을 세우라.

또 "차라리 이 몸이 뜨겁게 타오르는 불길과 쇠그물로 덮힌 땅 위에 누울지언정 파계한 몸으로 신심 있는 신도가 제공하는 백 가지 침상과 의자를 받지 않으리라"라는 서원을 세우라.

또 "차라리 이 몸이 삼백 자루의 창으로 찔려서 일 겁, 이 겁을 보낼지언정 파계한 몸으로 신심 있는 신도가 제공하는 백 가지 의약을 받지 않으리라"라는 서원을 세우라.

또 "차라리 이 몸을 끓는 솥에 던져서 백천 겁을 보낼지언정 파계한 몸으로 마침내 신심 있는 신도가 희사하는 천 가지 방사, 가옥, 숲과 정원을 받지 않으리라"라는 서원을 세우라.

또 "차라리 쇠망치로 이 몸을 부수어, 머리에서 발까지 티끌이 될지라도 파계한 몸으로 신심 있는 신도의 공경예배를 받지 않겠다"라는 서원을 세우라.

또 "차라리 백천 자루의 뜨거운 칼과 송곳으로 두 눈을 찌를지언정 파계한 마음으로 마침내 남의 아름다운 용모를 쳐다보지 않으리라"라는 서원을 세우라.

또 "차라리 백천 자루의 송곳으로 귀를 찔러서 일 겁, 이 겁을 보낼지언정 파계한 마음으로 좋은 소리를 듣지 않으리라"라는 서원을 세우라.

또 "차라리 백천 자루의 칼로 이 코를 도려낼지언정 파계한 마음으로 마침내 모든 좋은 향기를 맡지 않겠다"라는 서원을 세우라.

또 "차라리 백천 자루의 칼로 이 혀를 잘라낼지언정 파계한 마음으로 마침내 사람들이 먹는 백 가지 좋은 음식을 먹지 않겠다"라는 서원을 세우라.

또한 "차라리 날카로운 도끼로 이 몸을 쪼갤지언정 파계한 마음으로 마침내 부드러운 촉감을 탐착하지 않겠다"라는 서원을 세우라.

또 "원컨대 일체중생이 모두 함께 성불하여지이다"라는 서원을 세우라.

보살이 이와 같이 서원을 세우지 않으면 경구죄를 범하느니라.

제 37 계 험난한 곳에 가지 말라

불자로서 마땅히 봄, 가을 두 번 해제(解制) 때의 두타행(頭陀行)과 겨울, 여름의 안거(安居) 기간에는 치솔(楊枝), 비누(藻頭), 삼의(三衣 가사 등), 병(瓶), 좌구(坐具), 석장(錫杖 주장자), 향로상자(香爐奮), 녹수낭(鹿水囊, 물주머니), 수건(手巾), 작은 칼(刀子), 성냥(火燧), 쪽집게(鑷子), 노끈의자(繩狀), 경(經), 율(律), 불상(佛像), 보살상(菩薩像)을 상용하되, 보살은 두타행을 행할 때와 여행시에 백 리 천 리를 가더라도 이 열여덟 가지 물건을 항상 소지하도록 하라.

두타행은 정월 15일부터 3월 15일까지, 그리고 8월 15일부터 10월 15일까지 행하는 것이니 이 두 때에는 이 열여덟 가지 물건을 항상 그 몸에 따르게 하여 마치 새의 두 날개와 같이 할지어다.

만약 포살(布薩)을 행하는 날이거든 새로 배우는 보살은 반월반월(보름마다)에 항상 포살을 행하되, 십중계(十重戒)와 사십팔경계(十重四十八輕戒)를 외우라. 만약 계를 외울 때는 마땅히 여러 불·보살형상 앞에서 외우되, 한 사람이 포살(布薩)하면 한 사람이 외울 것이니, 외우는 자는 높게 앉고 듣는 자는 아래에 앉아서 모두 9조, 7조, 5조 가사를 수하라.

만약 하안거를 결제하거든 마땅히 하나하나 여법히 하고 두타행을 행할 때에도 험난한 곳에 들어가지 말지니, 만약 나쁜 나라와 나쁜 국왕, 토지의 높고 낮음, 초목이 깊고 험하거나 사자, 호랑이, 물, 불, 바람의 재난과 도둑의 도로와 독사가 있는 험난한 곳에는 일체 들어가지 말지어다.

두타를 행할 때와 하안거 결제시에도 이처럼 험난한 곳에는 모두 들어가지 말지니 만약 고의로 들어가는 자는 경구죄를 범하느니라.

제 38계 위 아래의 차례를 어기지 말라

불자로서 법다히 차례대로 앉되 먼저 수계한 자는 앞에 앉고 뒤에 수계한 자는 뒤에 앉도록 하라. 또 나이가 많거나 적거나 비구, 비구니, 귀인, 국왕, 왕자, 황문(黃門, 성불구자인 고자나 내시), 노비(奴婢)를 불문하고 마땅히 먼저 수계한

사람은 앞에 앉고 뒤에 수계한 사람은 순서대로 앉아서, 외
도의 어리석은 사람들이 행하는 것과는 같게 하지 말지어
다.

만약 노소가 없고, 전후가 없고 앉은 차례가 없다면 이는
병졸과 노비의 법이다. 우리 불법에서는 먼저 온 자는 앞에
앉고 뒤에 온 자는 뒤에 앉거늘, 낱낱이 차례대로 앉지 않는
자는 경구죄를 범하느니라.

제 39계 복덕과 지혜를 닦으라

불자로서 항상 마땅히 일체중생을 교화하되 승방, 산림,
전원(田園)을 건립하고 불탑을 세우며 겨울과 여름 안거의
좌선 처소와 일체의 수도처를 마땅히 세울지니라.

보살이 일체중생을 위하여 대승경율을 강설할 때에도, 질
병과 국난, 도적이 있을 때도, 부모형제나 화상, 아사리가
죽은 날에도, 삼칠 일, 사오칠 일 내지 칠칠 일에도 또한 마
땅히 대승경율을 강설해야 한다.

크고 작은 화재와 수재, 폭풍에 휩쓸린 배와, 큰 강이나
바다에서 나찰의 재난을 만났을 때에도 대승경율을 독송하
고 강설해야 한다. 또 일체 죄업의 과보와 삼악(三惡), 팔난
(八難), 칠역(七逆)과 수갑과 족쇄로 몸이 묶이거나 음욕이
많고 성냄이 많고 어리석거나 질병이 많을 때에도, 이 경율

을 강설해야 하거늘 처음 배우는 보살이 이를 행하지 않으면 경구죄를 범하느니라.

이와 같은 아홉 가지 계율을 응당히 배워서 공경하는 마음으로 받들어지니라. 범단품(梵檀品)에 널리 밝혔느니라.

제 40 제 가려서 계를 주지 말라

불자로서 사람들에게 계를 줄 때에는 차별하거나 간택하지 말라. 국왕과 왕자, 대신, 백관, 비구, 비구니, 신남(信男), 신녀, 음남(淫男), 음녀와 18범천, 육욕천자(六欲天子)와 무근(無根), 2근(二根), 황문(黃門 내시나 고자), 노비와 일체 귀신이 모두 계를 받을 수 있나니라.

마땅히 몸에 수지하는 가사는 모두 염색하여 계율의 가르침과 맞게 하되 모두 청, 황, 적, 흑, 자색으로 물들이게 하며 일체의 옷과 와구(臥具)도 모두 염색케 할지어다. 몸에 입는 옷도 모두 염색하여 모든 나라 사람들이 입는 옷과 비구의 옷 색깔이 다르게 할지어다.

만약 계를 주고자 할 때에는 스승은 마땅히 "그대는 지금 그 몸으로 칠역죄(七逆罪)를 짓지 않았는가?"라고 물으라. 보살법사는 지금 그 몸으로 칠역죄를 지은 사람에게는 계를 줄 수 없느니라.

칠역이란 부처님 몸에 피를 내게한 자(出佛身血), 아버지를 죽인 자(殺父), 어머니를 죽인 자(殺母), 화상을 죽인 자(殺和尙), 아사리를 죽인자(殺阿闍梨), 파갈마전법륜승(破羯磨轉法輪僧), 성인을 죽인 자(殺聖人)이니라. 만약 칠역죄를 모두 지었다면 현재의 몸으로는 계를 받을 수 없느니라. 그 나머지 사람들은 모두 계를 받을 수 있느니라.

출가인의 법은 국왕에게도 예배하지 않으며 부모에게도 예배하지 않으며, 세속의 육친(六親)도 섬기지 않느니라.

그러나 법사의 말을 알아듣고 백 리 천 리를 와서 법을 구하는 자가 있는데도 보살법사가 나쁜 마음과 성내는 마음으로 일체중생에게 계(戒)를 주지 않는 자는 경구죄를 범하느니라.

제 41 계 이익을 위해서 스승이 되지 말라

불자로서 사람을 교화하여 신심을 일으키게 하고, 계를 주는 법사(法師)가 되어 계를 받고자 하는 사람을 보거든, 마땅히 두 전계화상과 아사리에게 가르침을 청하도록 하라. 두 전계법사는 마땅히 "그대는 칠역죄(七逆罪)를 짓지 않았는가?"라고 물어서 만약 칠역죄를 지었거든 계를 주지 말 것이며 칠역죄를 짓지 않았거든 계를 주도록 할 지어다.

만약 열 가지 계(十戒)를 범한 자는 마땅히 참회하도록 가르치되, 불상이나 보살상 앞에서 아침부터 저녁까지 여섯 때로 십중계와 사십팔경계를 외우도록 하고, 삼세천불(三世千佛)에게 절을 하도록 하여 감응을 얻도록 하되, 7일(일 칠일), 14일(이 칠일) 내지 일 년이라도 좋은 감응을 얻도록 할지니라.

좋은 감응이란 부처님께서 정수리를 만지시거나 광명을 보거나, 꽃을 보는 등의 여러 가지 신이한 감응을 말하는 것이니, 감응을 얻으면 죄를 멸할 것이나 감응을 얻지 못하면 비록 참회한들 이익이 없을 것이니라.

이러한 사람은 현재의 몸으로는 계를 받을 수 없으며 증익수계(增益受戒)[55]를 받도록 할지니라. 만약 사십팔경계(四十八輕戒)[56]를 범할 경우 법사에게 참회만 하면 문득 죄가 소멸하리니 일곱 가지 죄와는 다르다.

그러므로 교계법사는 이 법의 모든 것을 낱낱이 잘 알아야 하거늘, 만약 대승경율의 경중(輕重)과 옳고 그름을 잘 알지 못하며, 제일의제(第一義諦)와 습종성(習種性), 장양성(長養性), 성종성(性種性), 불가괴성(不可壞性), 도종성(道種性), 정법성(正法性)을 알지 못하며, 그 중의 다소 관행(觀行)의 차이와 십선지(十善支)와 일체 행법을 낱낱이 잘 알지 못하면서, 단지 이익과 명예를 위해서 나쁜 마음으로 구하고 탐욕으로 구하며, 제자에 대한 탐욕으로 일체의 경율을 거짓으로 가르치면, 이는 오직 자신의 공양만을 위한 것이니 스스로를 속이고 타인을 기만하는 것이다. 짐짓 이익을 위해서 계를 구하는 자는 경구죄를 범하느니라.

제 42 계 악인에게 계를 설하지 말라

불자로서 이익을 위하여 아직 보살계를 받지 않은 사람과 외도악인에게는 천불(千佛)의 대계를 설하지 말며 사견인 앞에서도 계를 설하지 말지니 국왕을 제외한 나머지 일체 악인과 외도에게는 계를 설하지 말지어다.

이 악인의 무리는 부처님의 계를 받지 않았으므로 이름하여 축생이라고 한다. 또 태어나는 곳마다 삼보(三寶)를 볼 수 없으며 마치 목석과 같이 무심하여 이름하여 외도라고 한다. 사견을 가진 사람은 나무토막과 다름없거늘 보살이 이와같은 악인 앞에서 칠불의 가르침과 계율(七佛敎戒)을 설하게 되면 경구죄를 범하느니라.

제 43 계 고의로 계를 범할 마음을 일으키지 말라

불자로서 신심으로 출가하여 부처님의 바른 계를 받고, 고의로 마음을 일으켜서 성스러운 계를 훼범하는 자는, 일체 신도의 공양을 받지 못하며, 국왕의 땅을 밟고 다니지 못하며, 국왕의 물을 마시지 못하느니라.

또 오천의 대귀(大鬼)가 항상 그 앞을 가로막으면서 "큰 도적"이라고 말하며, 만약 방이나 도시, 집에 들어가면 귀신이 항상 그 발자국을 쓴다.

세상 사람들이 모두 그를 꾸짖어 말하되 "불법 중의 도적"이라고 하며 일체중생이 쳐다보려고도 하지 않으니, 계를 범한 사람은 축생과 다름이 없으며, 나무토막과 다름없다. 만약 고의로 계를 어길 마음을 일으키면 경구죄를 범하느니라.

제 44 계 경전을 소중히 여기라

불자여, 항상 마땅히 마음으로 대승의 경율을 수지독송할지니, 살갗을 벗겨 표지를 삼고 피를 뽑아서 묵(墨)을 삼으며 골수로써 물을 삼으며, 뼈를 꺾어 붓을 삼아서 부처님의 계율을 서사하며, 나무 껍질, 곡식 껍질, 비단, 하얀 종이, 대 껍질에 서사하여 수지하되, 항상 칠보와 귀한 향화와 일체의 갖가지 보배로 향주머니를 만들어서 경율의 책자를 보관할지어다. 만약 여법히 공양하지 않으면 경구죄를 범하느니라.

제 45 계 중생을 교화하라

불자는 항상 대비심을 일으켜 모든 도시와 집에 들어가 일체중생을 보거든, 마땅히 소리쳐 "그대 중생들이여, 모두 마땅히 삼귀의계(三歸依戒)와 십계(十戒)를 받으라"고 외치라. 만약 소, 말, 돼지, 양 등의 축생을 보거든 마땅히 마음으로 생각하고 기원하되 "그대들 축생들이여, 보리심을 발하라"라고 말하라.

보살은 산이나 강, 들에 가더라도 일체중생으로 하여금 보리심을 발하게 해야 하거늘 보살이 중생을 교화할 마음을 일으키지 않으면 경구죄를 범하느니라.

제 46 계 법답게 설법하라

불자로서 항상 교화하여 대비심을 일으키되 서서 설법하지 말고 마땅히 대중 앞의 높은 좌석에 앉아서 설법하라. 법사비구는 땅 위에 서서 사부대중을 위해서 설법하지 말지니, 만약 설법할 때는 높은 법좌에 올라 향과 꽃으로써 공양받고, 설법을 듣는 사부대중은 낮은 자리에 앉아 마치 부모에게 효순하듯 법사의 가르침을 공경하고 따라야 할지니 만약 그 설법자가 법답게 설법하지 않으면 경구죄를 범하느니라.

제 47 계 옳지 못한 법으로 억누르지 말라

불자로서 이미 부처님의 계를 받은 국왕이나 태자, 백관, 사부제자는, 스스로의 고귀함을 믿고 부처님법의 계율을 파멸시키거나 통제하는 법을 만들어서, 우리의 사부제자(四部弟子, 사부대중)를 억누르고 출가 수도하는 것을 허락하지 않으며, 또한 불상과 불탑, 경율을 조성하는 것을 허락하지 않으며, 통솔하는 관리를 두어 승가를 억누르거나 명부를 두어 스님들의 이름과 행적을 기록하지 말라.

또한 보살비구는 땅에 서고 속인은 높은 자리에 앉아서 널리 비법을 행하여 마치 병사와 노비가 주인을 섬기듯 하지 말라.

보살은 마땅히 모든 사람의 공양을 받아야 하거늘 도리어 관리가 부리거나 심부름꾼이 되면 비법비율이니라.

만약 국왕, 백관이 좋은 마음으로 부처님의 계를 받았거든 삼보(三寶)를 파하는 죄를 짓지 말지니 만약 고의로 불법을 파하는 죄를 지으면 경구죄를 범하느니라.

제 48 계 불법을 파괴하지 말라

불자여, 좋은 마음으로 출가하였을진댄, 명예와 이익을 위해서 국왕, 백관 앞에서 부처님 계를 설하는 자가 될지니, 도리어 비구, 비구니, 보살계제자를 밧줄로 묶으며, 마치 죄인이나 병졸, 노비 다루듯 하지 말라.

마치 사자의 몸에서 자란 벌레가 사자의 살을 먹어들어가듯 불자 스스로가 불법을 파할 뿐, 다른 외도나 천마(天魔)는 능히 파하지 못하느니라.

만약 부처님의 계를 받은 사람일진대 마땅히 부처님의 계를 수호하되, 외아들이 부모를 섬기듯 하여 가히 훼손하거나 파하지 말지어다.

그러므로 보살은 외도악인이 나쁜 말로써 부처님의 계율을 비방하는 소리를 듣거든, 마치 삼백 자루의 창으로써 심장을 찌르는듯 느끼며 천 자루의 칼, 만 자루의 몽둥이로 그 몸을 맞는 것과 다름없이 여길지어다.

차라리 지옥에 들어가 백 겁을 지닐지언정 단 한 번이라도 악인이 부처님 계율을 비방하는 소리를 듣지 말아야 하거늘, 하물며 스스로 부처님의 계율을 파하며 사람을 시켜 불법의 인연을 파하게 하여 효순심을 끊으리오. 만약 고의로 짓는 자는 경구죄를 범하느니라.

이와 같은 아홉 가지 계율을 마땅히 배워서 공경스러운
마음으로 받들어 지닐지어다.

제 4 장 가르침의 부촉

　모든 불자들이여, 이 마흔 여덟 가지 가벼운 계(四十八輕戒)를 그대들은 수지독송하라. 과거의 모든 보살들도 이미 수지독송하였으며 미래의 모든 보살들도 마땅히 수지독송할 것이며 현재의 모든 보살들도 수지독송하느니라.

　모든 불자들이여, 들으라. 열 가지 중요한 계(十重戒)와 마흔 여덟 가지 가벼운 계를 삼세제불께서도 이미 독송하시고 마땅히 독송하실 것이며 지금 독송하시며 내가 지금 또한 독송하나니, 그대들 일체 대중은 만약 국왕이나 왕자, 백관이거나 비구, 비구니이거나 신남신녀라도 보살계를 수지하는 자는, 마땅히 수지독송할 것이며, 해설, 서사(書寫)하여 불성(佛性)이 상주하는 이 계권(戒卷)이 삼세에 유통되어 일체중생에게 끊임없이 전해지며, 천 불(千佛)이 보고 천 불의 손에 있어서 세세토록 악도와 팔난에 떨어지지 않고 항상 인도(人道)와 천(天)에 나게 하라.

내가 이제 이 보리수 아래에서 간략히 칠불의 법계(法戒)를 설하였나니 그대들 대중은 마땅히 일심으로 바라제목차(波羅提木叉)를 배우고 기쁜 마음으로 받들어 행하라.

저 무상천왕품(無常天王品)의 권학(勸學)에 낱낱이 널리 밝혔느니라.

그때 삼천학사와 앉아서 듣던 사람들은 부처님께서 스스로 외우심을 듣고 지극한 마음으로 머리에 받들고 환희하며 수지하였다.

그때 석가모니불이 상연화대세계(上蓮華臺世界)의 노사나불께서 설하신 심지법문품(心地法門品) 중의 십무진장계법품(十無盡藏戒法品)을 설해 마치시니, 천백억 석가도 또한 이와 같이 설하시되 마혜수라천왕궁(摩醯首羅天王宮)의 십주처에서 설법하신 품을, 일체 보살과 수많은 대중을 위하여 수지, 독송하시며 그 뜻을 해설함도 또한 이와 같음이로다.

천백억 석가와 연화장세계와 미진세계에서도 일체불의 심장(心藏)과 지장(地藏), 계장(戒藏), 무량행원장(無量行願藏), 인과불성상주장(因果佛性常住藏)과 일체불의 일체무량법장(一切無量法藏)을 설해 마치시니, 천백억세계의 일체중생이 수지하여 환희봉행하였다.

만약 심지(心地)의 모습을 널리 알려고 할진대 저 불화광칠행품(佛華光七行品)에서 설했느니라.

찬탄의 노래

지혜로운 사람은 인욕과 지혜가 강하여
능히 이와같은 법을 수지하여
불도를 이루기 전이라도
다섯 가지 이익을 얻으리니

첫째는 시방의 부처님께서 애민히
생각하셔서 항상 수호하심이요

둘째는 목숨을 마치려 할 때
바른 관찰로서 마음이 환희함이요

셋째는 나는 곳마다
모든 보살의 벗이 됨이요

넷째는 공덕이 모여서 지계바라밀을
모두 성취하게 됨이요

다섯째는 현재와 후세에
자성의 계를 지켜서 복덕과 지혜가

충만하게 됨이다.

이를 참된 불자라고 하나니
지혜 있는 이는 잘 생각하라.

나를 계교(計校)하여 상(相)에 집착하는 이는
능히 이와 같은 법을 믿지 못하나니
열반만을 추구하는 자도
보리의 종자를 심을 수 없으리라.

보리의 싹을 키워서
세간에 광명을 비추게 하려면
마땅히 고요히 관찰하라.

제법의 참된 실상은
생하는 것도 아니며
소멸하는 것도 아니다.
상주하는 것도 아니며
단멸하는 것도 아니다.

동일한 것도 아니며
다른 것도 아니다.
오는 것도 아니며

가는 것도 아니다.

이와같은 마음과 방편으로
온누리를 장엄하기를 권하여
보살은 마땅히 닦아야 할 바를
차제대로 배우나니

학(學)과 무학(無學)[57]에 분별하는 상을 내지 말라.
이를 이름하여 으뜸가는 진리라고 하며
또한 이름하여 마하연이라고 한다.
일체의 희론처[58]는 이를 말미암아 멸하고
제불의 살바야[59]는 모두 이로부터 나온다.

그러므로 불자여,
마땅히 청정한 가르침을
밝은 구슬과 같이 지켜 보호하라

과거의 모든 보살들이
이로부터 배웠으며
미래에도 마땅히 배울 것이며
현재도 배우나니
이는 부처님께서 행하시는 바요
성주(聖主)가 찬탄하는 바이로다.

내가 이제 가르침을 수순하나니
무량한 복덕의 모임을
모든 중생에게 회향하여
함께 일체지로 향하기를 원하옵나니
바라옵건대 이 가르침을 듣는 사람은
모두 불도를 이뤄지이다.

불설범망경 보살심지품하(佛說梵網經菩薩心地品下)

지 장 경

제 1 장 도리천궁의 신통

이와 같이 나는 들었다.

한 때 부처님께서 도리천[1]에 계시면서 어머니를 위하여 설법하고 계셨다.

그때 시방세계의 수많은 부처님과 대보살마하살들이 모여, 석가모니 부처님이 오탁악세(五濁惡世)에 능히 불가사의한 대지혜와 신통력으로 조복하기 어려운 중생들을 다스리고, 괴롭고 즐거운 법을 알게 하심을 찬탄하고, 각각 사람을 보내어 세존께 문안을 여쭈었다.

이때 여래께서 웃음을 머금고 백천만억의 큰 광명의 구름을 놓으셨다.

이른바 그것은 대원만광명을 나타내는 진리의 구름이며, 대지혜광명을 나타내는 진리의 구름이며, 대반야광명을 나타내는 진리의 구름이며, 대삼매광명을 나타내는 진리의 구름이며, 대길상광명을 나타내는 진리의 구름이며, 대복덕광명을 나타내는 진리의 구름이며, 대공덕광명을 나타내는 진리의 구름이며, 대귀의광명을 나타내는 진리의 구름이며, 대찬탄광명을 나타내는 진리의 구름이었다.

이와 같이 가히 말로 표현할 수 없는 광명의 구름을 놓으시고 또 여러 가지 미묘한 음악 소리를 내셨다.

그것은 이른바 보시바라밀(布施波羅蜜)[2]의 음악이며, 지계바라밀(持戒波羅蜜)의 음악이며, 인욕바라밀(忍辱波羅蜜)의 음악이며, 정진바라밀(精進波羅蜜)의 음악이며, 선정바라밀(禪定波羅蜜)의 음악이며, 반야바라밀(般若波羅蜜)의 음악이며, 자비의 음악, 영원한 헌신과 영원한 버림의 음악, 해탈의 음악, 번뇌가 다한 음악, 대지혜의 음악, 사자후의 음악, 대사자후의 음악, 큰 구름과 번개의 음악이었다.

이와 같이 가히 말로 설할 수 없는 음악 소리를 내어 마치시니 사바세계와 여러국토에 있는 무량억의 천룡귀신들도 모두 도리천궁에 모여 들었다.

그들은 이른바 사천왕천(四天王天)[3], 도리천(忉利天), 수염마천(須焰摩天)[4], 도솔타천(兜率他天), 화락천(化樂天)[5], 타화자재천(他化自在天)[6], 범중천(梵衆天), 범보천(梵輔天), 대범천(大梵天), 소광천(少光天), 무량광천(無量光天), 광음천(光音天), 소정천(少淨天), 무량정천(無量淨天), 변정천(遍淨天), 복생천(福生天), 복애천(福愛天), 광과천(廣果天), 엄식천(嚴飾天), 무량엄식천(無量嚴飾天), 엄식과실천(嚴飾果實天), 무상천(無想天), 무번천(無煩天), 무열천(無熱天), 선견천(善見天),

선현천(善現天), 색구경천(色究竟天), 마혜수라천(摩醯修羅天)[7]
이었으며 비상비비상천(非想非非想天), 용중(龍衆), 귀신들의
무리가 모두 법회에 모였다.

다시 타방국토와 사바세계의 해신(海神), 강신(江神), 하신
(河神), 수신(樹神), 산신(山神), 지신(地神), 천택신(川澤神),
묘가신(苗稼神), 주신(晝神), 야신(夜神), 공신(空神), 천신(天
神), 음식신(飲食神), 초목신(草木神) 등과 같은 여러 신들도
모두 법회에 모였다.

다시 또한 타방국토와 사바세계의 여러 큰 귀왕(鬼王)이
있었으니 이른바 악목귀왕(惡目鬼王), 담혈귀왕(噉血鬼王),
담정기귀왕(噉精氣鬼王), 담태란귀왕(噉胎卵鬼王), 행병귀왕
(行病鬼王), 섭독귀왕(攝毒鬼王), 자심귀왕(慈心鬼王), 복리귀
왕(福利鬼王), 대애경귀왕(大愛敬鬼王) 등과 같은 여러 귀왕
들도 모두 법회에 모였다.

그때 석가모니 부처님께서 문수사리법왕자보살마하살(文
殊舍利法王子菩薩摩訶薩)[8]에게 말씀하셨다.

"그대는 이 모든 제불보살과 천룡귀신을 보았는가? 그대
는 이 세계와 저 세계, 이 국토와 저 국토에서 이곳 도리천
에 모인 자들의 수를 알겠는가?"

문수사리가 부처님께 말씀 드렸다.

"세존이시여, 설사 저의 신통력으로 천 겁을 두고 헤아린
다고 하더라도 능히 알 수 없나이다."

부처님께서 문수사리에게 말씀하셨다.

"나의 불안(佛眼)으로 헤아려도 오히려 그 수자를 다 헤아리지 못할 것이니, 이는 모두 지장보살(地藏菩薩)[9]이 오랜 겁에 걸쳐서 제도하였으며 지금도 제도하며 미래에도 제도할 것이니라. 또한 이미 성취케 하였으며, 지금도 성취케하고 미래에도 성취케 할 것이니라."

문수사리가 부처님께 말씀드렸다.

"세존이시여, 저는 과거에 오랫동안 선근(善根)을 닦아서 걸림이 없는 지혜를 얻었습니다. 그래서 부처님께서 말씀하신 바를 듣고 곧바로 믿고 받들 수 있었습니다.

그러나 소승성문과 천룡팔부(天龍八部)[10]와 미래세의 모든 중생들은, 비록 여래의 진실한 말씀을 듣고서도 반드시 의혹을 품거나, 설사 가르침을 받들어 지닌다고 할지라도 때로는 비방할 것입니다.

오직 원하옵건대 부처님께서는 지장보살마하살이 수행시에 어떠한 행을 닦았으며, 어떠한 원력을 세웠기에 능히 이와같은 불가사의한 일을 성취하였는지에 대하여 널리 설하여 주옵소서."

부처님께서 문수사리에게 말씀하셨다.

"비유컨대 저 삼천대천세계(三千大千世界)[11]에 있는 초목과 벼, 삼대, 대나무, 갈대와 산의 돌과 먼지를 낱낱이 세어서 그 수만큼의 항하사(恒河沙)[12]가 있고 또 그 가운데 한 항하의 모래수만큼의 세계가 있다.

그리고 한 모래알로 한 세계를 삼고, 한 세계에 있는 한 티끌로 한 겁을 삼고, 한 겁 안에 있는 티끌수를 모두 채워서 한 겁을 삼더라도, 지장보살이 십지과위(十地果位)[13]을 증득한 이래 교화한 중생의 수는 오히려 천 배나 더 많다. 하물며 지장보살이 성문, 벽지불로 있을 때의 일이야 더 들어 무엇하리오?

문수사리여, 이 보살의 위신력과 서원은 불가사의하나니 만약 미래세의 어떤 선남자, 선여인이 이 보살의 이름을 듣고 혹 찬탄하거나 혹은 우러러 예배하거나 혹은 그 이름을 외우거나 혹은 공양하거나 혹은 그 형상을 채색하여 새기면 이 사람은 마땅히 백 번을 삼십삼천에 날 것이며 영원히 악도(惡道)[14]에 떨어지지 않을 것이니라.

문수사리여, 이 지장보살은 저 말할 수 없이 오랜 겁 이전에 한 장자(長者)의 아들로 태어났다.

그때 한 부처님이 계셨으니 그 부처님의 이름은 사자분신구족만행여래이셨다. 그때에 장자의 아들은 부처님의 상호가 천 가지 복으로 장엄되어 있음을 보고 곧 그 부처님께 여쭈었다.

"어떤 수행과 원력을 갖추어야만 이와같은 상호(相好)를 얻을 수 있습니까?"

그때에 사자분신구족만행여래는 장자의 아들에게 이렇게 말했다.

"이와같은 몸을 증득하기 위해서는 오랫동안 고통받고 있는 중생들에게 마땅히 그 고통에서 벗어나게 해주어야 하느니라."

문수사리여, 이 말씀을 들은 장자의 아들은 서원을 발하되 "나는 지금부터 미래세에 가히 헤아릴 수 없는 겁이 지나도록 죄업으로 고통받고 있는 육도중생(六道衆生)[15]들을 위하여, 모든 방편을 사용하여 그들을 모두 해탈케 하고서야 비로소 나 자신도 불도를 이루리라"하였다.

그 부처님 앞에 이와같은 큰 서원을 세웠으니 그로부터 지금까지 백천만억 나유타(那由陀)[16] 불가설겁 동안 항상 보살행을 닦았느니라.

또한 헤아릴 수 없는 과거 아승지겁(阿僧祇劫)[17]에 한 부처님이 계셨으니 그 명호는 각화정자재왕여래였다.

그 부처님의 수명은 사백천만억 아승지겁이니라.

그 부처님의 법이 전해지던 상법(像法)[18]의 시기에 한 바라문의 딸이 있었으니, 여러 생애 동안 닦은 복이 깊고 두터워서 대중의 존경과 사랑을 받았으며 가고, 머물며, 앉고 누울 때 여러 하늘 신들이 돕고 지켰다.

그러나 그녀의 어머니는 항상 삼보를 가벼이 여겼다. 그때 이 성녀(聖女)는 널리 방편을 베풀어, 어머니에게 비유로써 권하여 바른 견해를 내도록 하였으나, 마침내 믿음을 일으키지 못하고 오래지 않아 목숨을 마치게 되니 그는 무간지옥(無間地獄)에 떨어지고 말았다.

그때 바라문의 딸은 모친이 생전에도 인과를 믿지 않았으므로, 어머니는 업에 따라 반드시 악도(惡道)에 떨어졌음을 알고, 드디어 집을 팔아 널리 향과 꽃 등의 여러 가지 공양 구를 갖추어 부처님을 모신 탑사(塔寺)에 나아가 지극한 공양을 올렸다.

그녀는 각화정자재왕여래의 상호가 그 절에 모셔진 불상과 벽화 중에서도 으뜸가는 위용인 것을 보고 홀로 우러러보며 말했다.

"부처님은 대각(大覺)이시니 일체지혜를 갖추고 계십니다. 만약 부처님께서 세상에 계셨더라면 돌아가신 우리 어머니가 어디로 가셨는지 여쭈어 알 수 있었을 것을……"

바라문의 딸은 오랫동안 부처님을 우러러보며 흐느껴 울었다.

그때 문득 하늘에서 소리가 들려왔다.

"성녀여, 슬퍼하지 말라. 내가 이제 그대의 어머니가 간 곳을 일러주리라."

바라문의 딸은 허공을 향하여 합장하고 말했다.

"어느 신덕(神德)이시기에 저의 근심을 살피시옵니까? 저는 어머니가 돌아가신 이래로 어머니가 나신 곳을 밤낮으로 생각하고 있었습니다."

그때 공중에서 말했다.

"나는 그대가 바라보고 있는 과거의 각화정여래이니라. 그대가 어머니를 생각하는 것이 다른 중생의 생각보다 배나 더하므로 일러주느니라."

바라문의 딸은 이 말씀을 듣고 스스로 몸을 부딪쳐 팔다리가 모두 상하였다. 좌우에서 사람들이 부축하여 돌보아 한참만에 소생한 후 다시 공중을 향하여 말했다.

"바라옵건대 부처님께서는 자비로써 저를 불쌍히 여기시와 저희 어머니가 나신 곳을 속히 일러주옵소서. 저는 오래지 않아 곧 죽을 듯 합니다."

그때 각화정자재왕여래가 성녀에게 말씀하셨다.

"그대는 공양을 마치고 일찍 집으로 돌아가서 단정히 앉아 나의 명호를 생각하면 곧 그대의 어머니가 난 곳을 알게 되리라."

바라문의 딸은 부처님께 예배하기를 마치고 집으로 돌아와, 어머니를 생각하며 단정히 앉아 각화정자재여래의 명호를 외우며 하루 밤, 하루 낮을 보낸 후, 자신이 홀연히 어느 바닷가에 있음을 알게 되었다.

그 바다를 보니 물이 펄펄 끓고 있었으며 온 몸이 쇠로 덮힌 여러 악한 짐승들이 바다 위를 날아다니기도 하고 동서로 마구 달리고 있었다.

또한 백천만 명의 남자와 여자들이 물 속에서 허우적거리다가 사나운 짐승들에게 잡아먹히고 있었다. 또 야차(夜叉)들이 있었는데 그 생김새가 각각 달랐다. 손과 발이 많고 여러 개의 눈을 가졌으며 입 밖으로 튀어나온 어금니는 날카로운 칼날 같았다.

이들은 뭇 죄인들을 몰아다가 사나운 짐승에게 죽임을 당하게 하고 또 사람들을 거칠게 움켜잡아 머리와 발을 서로 엮어 괴롭게 하는 모습은 수천 가지나 되어 차마 눈뜨고 볼 수 없었다.

그러나 바라문의 딸은 부처님을 생각하는 마음으로 두려워함이 없었다.

여기에 무독(無毒)이라는 귀왕(鬼王)이 있어서 머리를 숙여 그녀를 맞으며 말했다.

"보살이시여, 무슨 일로 이곳에 오셨습니까?"

바라문의 딸이 귀왕에게 물었다.

"이곳은 어느 곳입니까?"

무독이 말했다.

"이곳은 대철위산(大鐵圍山)¹⁹⁾ 서쪽의 첫번째 바다입니다."

성녀가 다시 물었다.

"내가 듣건대 철위산 속에 지옥이 있다고 하는데 그것이 사실입니까?"

"실로 지옥이 이곳에 있습니다."

"그렇다면 내가 어떻게 지옥이 있는 곳에 와 있습니까?"

"부처님의 위신력이 아니라면 업력에 의한 것입니다. 이 두 가지 힘이 아니면 이곳에 올 수가 없습니다."

성녀가 다시 물었다.

"이 물은 무슨 이유로 끓어오르며 어찌해서 죄인과 사나운 짐승들이 이렇게 많습니까?"

무독이 대답했다.

"이들은 남염부제(南閻浮提)[20]에서 여러 가지 악업을 지은 중생들입니다. 죽은 지 49일이 지나도록 죽은 자를 위해서 공덕을 베풀고 고난에서 벗어나게 해주는 이가 한 사람도 없고, 살아있을 때에도 착한 일을 한 적이 없어서 그 업에 따라서 지옥에 가야 합니다.

지옥에 가는 중생들은 먼저 자연히 이 바다를 건너가야 합니다. 이 바다의 동쪽으로 십만 유순(由旬)[21]을 지나면 또 바다가 있습니다. 그곳의 고통은 이곳의 배가 되며 그 바다의 동쪽에 또 바다가 있으니 그곳의 고통도 다시 이곳의 다섯 배나 됩니다.

이 고통은 삼업(三業)[22]으로 인해 받는 과보이므로 이곳을 일러 '업의 바다'라고 합니다."

성녀가 무독귀왕에게 다시 물었다.

"지옥은 어디에 있습니까?"

"이 세 바다 안이 모두 지옥입니다. 그 지옥의 종류는 백천 가지이지만 큰 지옥은 열 여덟 곳이며 다음으로 오백 곳의 지옥이 있는데 그 고통은 한량없습니다."

"나의 어머니는 돌아가신 지 얼마되지 않았습니다만, 혹 어느 곳에 갔는지 알 수 없습니까?"

"보살의 어머니는 세상에 있을 때 어떤 행업을 지으셨습니까?"

"어머니는 바르지 못한 생각으로써 삼보를 비방하였고 또 설령 믿었다고 하더라도 잠깐 믿고 곧 공경치 않았습니다. 돌아가신 지 며칠이 안 되었으나 태어나신 곳을 알 수 없습니까?"

"보살의 어머니 성씨는 무엇입니까?"

"저의 부모는 두 분 모두 바라문(婆羅門)의 후손으로서 아버지의 이름은 시라선견(尸羅善見)이며 어머니의 이름은 열제리(悅帝利)입니다."

무독귀왕은 합장하고 보살에게 말했다.

"바라건대 보살은 슬퍼하거나 염려하지 마시고 집으로 돌아가소서. 죄업을 지은 열제리부인이 천상에 난 지 이제 사흘이 되었습니다. 효순을 행하는 딸이 어머니를 위하여 각화정자재여래의 탑사에 공양하고 복을 닦은 공덕으로, 보살의 어머니뿐만이 아니라 그날 이 무간지옥에 있던 죄인들도 모두 함께 천상에 태어나 즐거움을 누리고 있습니다."

무독귀왕은 말을 마치고 합장하며 물러갔다.

바라문의 딸은 꿈인 듯 집으로 돌아와 이 일을 깨닫고 각화정자재여래의 탑사에 나아가 큰 서원을 세웠다.

"원하옵건대 저는 미래겁이 다하도록 죄업으로 고통받는 중생들이 있으면 널리 방편을 베풀어 제도하겠습니다."

부처님께서 문수사리에게 말씀하셨다.

"그때 무독귀왕은 지금의 재수보살(財首菩薩)이며, 바라문의 딸은 바로 지장보살이었느니라."

제 2 장 분신의 모임

그때 가히 셀 수도, 생각할 수도 헤아릴 수도 없는 한량없는 아승지세계의, 모든 지옥에 있던 지장보살의 분신(分身)들이 도리천궁으로 모여 들었다.

또한 여래의 위신력으로 각각의 방면에서 여러가지 해탈을 얻어 생사의 수레바퀴에서 벗어난 수많은 자들도 모두 꽃과 향을 가지고 와서 부처님께 공양드렸다.

이와 같이 함께 모인 무리들은 모두 지장보살의 교화를 받아 아뇩다라삼먁삼보리[23]에서 영원히 물러나지 않게 된 중생들이었다.

이들은 저 멀고 먼 과거세로부터 생사의 물결 속에서 표류하면서 6도(六道)의 고통을 받으면서 잠시도 쉬지 못하다가 지장보살의 광대한 자비와 깊은 서원으로 각각 도과(道果)를 얻었으며 도리천에 태어나게 되었다.

이들은 매우 기쁜 마음으로 부처님을 우러러보며 잠시도

한눈을 팔지 않았다.

그때 부처님께서 금빛 팔을 펴서 가히 생각할 수도 셀 수도 헤아릴 수도 없는 수많은 아승지세계에 있는 모든 지장보살의 화신의 이마를 어루만지며 말씀하셨다.

"내가 오탁악세의 마음이 거친 중생들을 교화하여 그 마음을 다스려 그릇된 견해를 버리고 바른 길로 돌아오게 하였지만 열에 한 둘은 아직도 악습에 젖어 있다.

이에 나는 몸을 천백억으로 나투어 널리 방편을 베푸나니 혹 근기(根機 능력)가 날카로운 자는 들으면 곧 믿고 지니며, 혹 선근을 지닌 자는 부지런히 권하여 성취케 하고, 혹 미혹한 자가 있으면 오랫동안 교화하여 귀의하게 하며, 혹 업장이 무거운 자는 우러러 공경하지 않는다.

이와 같이 중생들의 근기가 각각 차별이 있으므로 몸을 나누어 제도하되, 때로는 남자 몸을 나타내고, 때로는 여자 몸을 나타내며, 때로는 용의 몸을 나타내며, 귀신도 되고 산과 숲, 내, 강, 연못, 샘, 우물로 나타나 여러 중생을 이익케 한다.

이와 같이 제도하여 모두 해탈케 하며 혹은 제석(帝釋)[24]의 몸을 나타내며, 혹은 범천(梵天)의 몸을 나타내며, 혹은 전륜왕(轉輪王)[25]의 몸을 나타내며, 혹은 거사(居士)의 몸을 나타내며, 혹은 국왕(國王)의 몸을 나타낸다.

혹은 제보(帝輔)의 몸을 나타내며, 혹은 관속(官屬)의 몸을 나타내며, 혹은 비구(比丘), 비구니(比丘尼), 우바새(優婆塞),

우바이(優婆夷)의 몸을 나타내며, 혹은 성문(聲聞), 나한(羅漢), 벽지불(辟支佛), 보살 등의 몸을 나타내어 교화하여 제도하나니, 단지 부처의 몸으로서만이 그 몸을 나타내는 것이 아니니라.

그대들이 보는 바와 같이 내가 여러 겁에 걸쳐서 이와같은 수고로움을 마다하지 않고 죄업중생들을 제도하였으나, 아직도 거친 마음을 가지고 있는 제도되지 않은 중생들도 있다.

만약 그 죄업에 의해 악도에 떨어져서 큰 고통을 받게 된 것을 보게 되거든, 그대들은 마땅히 내가 이 도리천궁에서 은근히 부촉한 것을 생각하여, 사바세계에 미륵불이 나타나실 때까지 모든 중생을 다 해탈케 하여 모든 괴로움에서 영원히 벗어나게 하고 부처님의 수기(授記)를 받도록 할지니라.”

그때 여러 세계에서 온 지장보살의 화신들이 다시 한몸이 되어 슬피 울면서 부처님께 아뢰었다.

“저는 먼 과거세로부터 부처님께서 인도하심에 의해 불가사의한 위신력을 얻고 대지혜를 갖추게 되었습니다.

제가 저의 분신으로 하여금 백천만억 항하사 세계에 두루 다니게 하여 한 세계마다 백천만억의 중생들을 제도하여 삼보께 귀의하도록 하며 나고 죽는 고통에서 영원히 벗어나게 하여 열반의 즐거움을 얻게 하겠습니다.

불법 가운데서 착한 일을 하되 하나의 터럭, 한 개의 물방울, 한 개의 티끌, 한 개의 머리카락에 이르기까지 제가 점차 제도하여 마침내 큰 이익을 얻도록 하겠습니다.

바라옵나니, 부처님께서는 후세의 악업중생들을 걱정하지 마옵소서."

이와 같이 세 번을 거듭 부처님께 말씀드렸다.

그때 부처님께서 지장보살을 찬탄하시며 말씀하셨다.

"참으로 훌륭하도다. 내가 그대의 기쁨을 도우리라. 그대가 오랜 과거의 겁 동안에 세운 서원을 능히 성취하여 장차 중생을 널리 제도하고 마침내 깨달음을 이루리라."

제3장 중생의 업연

그때 부처님의 어머니 마야부인(摩耶夫人)이 공경하는 마음으로 합장하면서 지장보살에게 여쭈었다.

"성자여, 염부제의 중생들이 짓는 업의 차별과 받게 되는 과보는 어떠하옵니까?"

지장보살이 대답했다.

"모든 국토에는 혹 지옥이 있기도 하고, 없기도 하며, 혹 여자가 있기도 하고, 여자가 없기도 합니다. 또 성문, 벽지불도 그렇습니다. 혹 있기도 하고 없기도 하니 지옥의 죄업도 단지 하나뿐인 것은 아닙니다."

마야부인이 거듭 말했다.

"사바세계에서 죄업의 과보로 나쁜 곳에 떨어져 과보를 받는 것을 듣고 싶습니다."

지장보살이 대답했다.

"성모(聖母)시여, 제가 대강 말씀 드리겠습니다."

"원하옵나니, 성자여 말씀하소서."

지장보살이 마야부인에게 말했다.

"사바세계의 죄업를 말씀드리면 이와 같습니다.

만일 어떤 중생이 부모에게 불효하고 혹은 살해까지 하였다면 무간지옥에 떨어져 천만 겁이 지나도록 벗어날 기약이 없습니다.

만약 어떤 중생이 부처님의 몸에 피를 내거나, 삼보를 헐뜯고 비방하며 경전을 존중하지 않으면, 이런 무리들도 역시 무간지옥에 떨어져 벗어날 기약이 없습니다.

만약 어떤 중생이 절의 재산에 손해를 입히거나 비구, 비구니를 더럽히거나, 혹은 절간에서 방자하게 음욕을 행하거나 죽이고 해치면 이런 무리들 또한 무간지옥에 떨어져 벗어날 기약이 없습니다.

만일 어떤 중생이 마음은 사문(沙門)이 아니면서 거짓으로 사문이 되어 삼보의 재산을 함부로 쓰고 신도들을 속이며 계율을 어기며 온갖 악행을 범한다면 이런 무리들도 무간지옥에 떨어져 벗어날 기약이 없습니다.

만약 어떤 중생이 절의 재물을 도둑질하여 재물이나 곡식, 의복을 갖는 무리들도 무간지옥에 떨어져 벗어날 기약이 없습니다.

성모시여, 만일 어떤 중생이 이와같은 죄를 지으면 마땅히 오무간지옥(五無間地獄)에 떨어져 잠깐만이라도 고통이 멈추어지기를 원해도 그 뜻을 이룰 수가 없습니다."

마야부인이 지장보살에게 여쭈었다.

"어떤 곳을 일러 무간지옥이라고 하옵니까?"

지장보살이 말했다.

"성모시여, 모든 지옥은 대철위산(大鐵圍山)속에 있고 대지옥은 열여덟 곳이 있으며, 그 다음으로는 오백 곳이 있으되 그 이름은 각각 다릅니다.

다음으로 천백 곳이 있으되 그 이름은 각각 다르며 무간지옥은 그 지옥의 성 주위가 팔만여 리이며, 그 성은 순전히 철로 되어 있습니다. 그 높이는 일만 리이며, 성 위에는 불덩어리가 잠시도 쉬지 않고 이글거리고 있사오며 그 지옥성 안으로는 여러 지옥이 서로 이어져 있는데 그 이름이 각각 다릅니다.

이곳의 한 지옥이 있어서 이름이 무간지옥이니 이 지옥의 둘레는 일만 팔천 리요, 그 높이는 일천 리이며 모두 쇠로 둘러쳐져 있고 불이 위에서 아래로 쏟아져 내려오고 아래서 위로 솟구쳐 올라가며, 쇠로 된 뱀과 개가 불을 토하면서 담장 위를 동서로 내달립니다.

지옥의 한가운데에는 넓이가 만 리나 되는 평상이 있는데, 한 사람이 죄를 받아도 자신의 몸이 그 큰 평상에 가득한 것을 보게 되고, 천만 사람이 죄를 받아도 역시 각자의 몸이 평상에 가득찬 것을 보게 됩니다. 이는 여러 가지 죄업으로서 이와같은 과보를 받게 되는 것입니다.

또 모든 죄인이 갖가지 고통을 고루 받는데, 천백 야차와 사나운 귀신들이 있어서 어금니는 칼날같고, 눈은 번개빛 같으며, 손에는 구리쇠 손톱이 있어서 창자를 끄집어 내어 토막토막 자릅니다.

또 어떤 야차는 큰 쇠창으로 죄인의 몸을 찌르는데 혹은 입과 코를 찌르기도 하며, 배와 등을 찔렀다가 공중에 내던 져서 다시 받아서 평상 위에 올려놓기도 합니다.

또 쇠로 된 매는 죄인의 눈을 쪼며 쇠로 된 뱀은 죄인의 몸을 감아 조이고, 긴 못을 몸에다 박기도 하며, 혀를 빼서 밭을 갈 때 죄인이 끌게 하고, 구리쇳물을 입에 붓고 뜨거운 쇠로 몸을 감아서 하룻 동안에 만 번 죽었다가 다시 만 번 살아나게 됩니다.

업의 과보가 이와 같아서 억겁을 지나도 벗어날 기약이 없습니다. 또 이 세계가 무너질 때에는 다른 세계의 지옥으로 옮기고, 다른 세계가 무너지면 또 다시 다른 세계의 지옥으로 옮겼다가, 이 세계가 또 이루어지면 다시 돌아옵니다. 무간지옥의 죄보는 이와 같습니다.

이와 같이 하여 다섯 가지로 죄업의 과보를 받으므로 오 무간지옥이라고 합니다.

첫째는 밤낮으로 죄를 받아 세월이 다하도록 끝나지 않으므로 무간이라고 이름합니다.

둘째는 한 사람의 죄인이라도 그 지옥이 가득차고 많은 죄인이 있더라도 그 지옥이 가득차므로 무간이라고 이름합니다.

셋째는 죄를 받는 기구로서는 쇠몽둥이, 매, 뱀, 늑대, 개, 맷돌, 톱, 도끼, 끓는 가마, 쇠그물, 쇠사슬, 쇠나귀, 쇠말 등이 있으며 생가죽으로 머리를 조르고, 뜨거운 쇳물을 몸에 부으며 배고프면 뜨거운 쇠구슬을 먹고, 목마르면 뜨거운 쇳물을 마시면서 해가 가고 한량없는 겁이 다하도록 고통이 끊임없으므로 무간이라고 합니다.

넷째는 남자와 여자, 오랑캐, 늙은이와 젊은이, 귀한 이와 천한 이, 귀신, 하늘, 사람을 가리지 않고 죄를 지으면 그 업에 따라서 과보를 받는 것이 모두 평등하므로 무간이라고 합니다.

다섯째는 만일 이 지옥에 한 번 떨어지면 처음 들어갈 때부터 백천 겁에 이르도록 하루낮, 하루밤 동안에 만 번 죽고 만 번 살아서 잠시라도 멈춤이 없으며 악업이 다 소멸해야만 비로소 다른 곳에 태어나게 됩니다.

이와같은 고통이 계속 끊이지 않으므로 무간이라고 이름하는 것입니다. 또한 형벌의 기구와 모든 고통을 주는 벌에 대해서는 한 겁 동안이라도 다 말씀드릴 수 없습니다."

마야부인은 이 말을 듣고 근심과 슬픔에 차서 합장하고 예배하며 돌아갔다.

제 4 장 중생이 받는 업보

    그때 지장보살이 부처님께 말씀드렸다.

    "부처님이시여, 제가 부처님의 위신력을 입어 백천만억의 세계에 두루 이 몸을 나타내어 모든 업보중생을 구제하고 있습니다. 만일 부처님의 대자비력이 아니었다면 곧 이와같은 변화를 부리지 못할 것입니다. 제가 이제 부처님의 부촉하신 바를 받사와 미륵부처님이 성불하실 때까지 육도중생을 모두 해탈케 하겠습니다. 바라옵건대 부처님께서는 염려하지 마십시오."

    부처님께서 지장보살에게 말씀하셨다.

    "일체중생이 해탈을 얻지 못하는 것은 뜻과 성품이 정해진 것이 없어서 나쁜 습관으로 업을 맺고, 착한 습관으로 결과를 맺으므로 착하기도 하고, 혹은 악하기도 하여 그 결과를 따라서 태어나게 된다. 그와 같이 육도를 윤회하여 잠시도 쉼이 없다.

또한 티끌같이 수많은 겁이 지나도록 미혹하여 마치 그물 속에 갇힌 고기가, 그물 안의 물이 흐르는 물인 줄 착각하며 잠시 벗어났다가 다시 그물에 걸리는 것과 같다.

이와같은 중생들을 내가 근심하였는데 그대가 이미 과거의 수많은 겁 동안의 서원을 실천하여 죄업중생들을 제도하겠다고 하니 내가 다시 무엇을 염려하겠는가?"

그때 자리에 있던 정자재왕보살이 부처님께 말씀드렸다.

"부처님이시여, 지장보살은 여러 겁을 지나오면서 어떠한 서원을 세웠기에 이와 같이 부처님의 칭찬을 받습니까? 바라옵건대 부처님께서 설하여 주옵소서."

그때 부처님께서 정자재왕보살에게 말씀하셨다.

"자세히 듣고 잘 생각할지어다. 내가 그대를 위하여 분별하여 해설하리라. 저 과거의 헤아릴 수 없는 무량아승지 겁 이전의 일이니라.

그때 한 부처님이 계셨으니 그 이름은 일체지성취(一切智成就), 여래(如來)[26], 응공(應供), 정변지(正遍智), 명행족(明行足), 선서(善逝), 세간해(世間解), 무상사(無上師), 조어장부(調御丈夫), 천인사(天人師), 불(佛), 세존(世尊)이셨으며 수명은 6만 겁이었다. 이 부처님이 출가하기 전에는 작은 나라의 왕이 되어 이웃 나라 왕과 더불어 벗이 되어 함께 십선(十善)[27]을 행하여 널리 중생들을 이롭게 하였다.

그러나 그 이웃 나라 백성들이 여러 가지 악한 일을 행해서 두 왕은 널리 선한 방편을 베풀 것을 의논하였다.

한 왕은 이와 같이 발원하였다.

"내가 어서 깨달음을 이루어 이러한 무리들을 남김없이 제도하리라."

또 한 왕은 이렇게 발원하였다.

"만일 죄 받는 중생이 있으면 먼저 제도하여 그들로 하여금 편안케 하고, 깨달음을 이루지 못하면 마침내 홀로 성불하기를 원하지 않겠노라."

부처님께서 정자재왕보살에게 계속 말씀하셨다.

"먼저 성불하기를 발원한 왕은 곧 일체지여래였으며, 죄업중생을 영원히 제도하고 성불하기를 원하지 않았던 왕은 바로 지장보살이었다.

또 한량없는 과거의 아승지겁에 한 부처님이 세상에 나타나셨으니 그 부처님의 이름은 청정연화목여래이셨고 수명은 40겁이셨다.

그 부처님의 상법(象法)시대에, 한 나한이 있어서 복을 베푸는 것으로써 중생을 제도하였다. 인연에 따라 중생들을 교화하다가 광목(廣目)이라는 한 여자를 만났더니 음식을 대접하기에 나한이 물었다.

"그대는 무엇을 원하는가?"

"저는 어머니가 돌아가신 날을 기하여 명복을 빌어 구해 드리려고 하지만 어머니가 어느 곳에 태어났는지 알지 못합니다."

나한이 불쌍히 여기고 선정바라밀에 들어 광목의 어머니

가 간 곳을 알아보니 지옥에 떨어져 모진 고통을 받고 있었다.

나한은 광목에게 물었다.

"그대의 어머니는 세상에 있을 때 어떤 업을 지었는가? 지금 그대의 어머니는 지옥에 떨어져 고통을 받고 있느니라."

"제 어머니는 습성이 물고기와 자라 같은 것을 즐겨 먹었으며 그 중에서도 고기알 같은 것을 즐겨 먹었습니다. 때로는 구워먹고, 때로는 쪄서 마음껏 먹었으니 그 수는 천만 마리는 더 될 것입니다. 존자께서는 불쌍히 여기셔서 제 어머니를 제도하여 주십시오."

나한은 광목을 가엾게 여기고 다음과 같이 일러주었다.

"그대는 지극한 정성으로 청정연화목여래를 생각하고 그 부처님의 형상을 그려서 모시면 산 사람이나 죽은 사람이나 모두 좋은 과보를 얻게 되리라."

광목은 나한의 말을 듣고 곧 아끼는 물건을 바쳐서 불상을 그려 모시고 공양을 올리며 더욱 공경하는 마음으로 우러러 예배하였다. 문득 새벽녘 꿈에 부처님을 뵈오니 금빛이 찬란하기가 마치 수미산과 같았다.

그 부처님께서 광목에게 이르셨다.

"너의 어머니가 오래지 않아 너의 집에 태어나리니 배고픔과 추위를 겨우 느낄 만하면 곧 말을 할 것이니라."

얼마 뒤 광목의 집에 있는 하녀가 자식을 낳으니 사흘이

못되어 머리를 숙여 슬피 울면서 광목에게 말했다.

"나고 죽는 업연의 과보는 스스로 받기 마련이다. 나는 너의 어미이다. 오래 어두운 곳에 있었다. 너와 이별한 뒤 여러 번 큰 지옥에 떨어졌다가 이제 너의 복력을 입어 미천한 사람의 몸으로 태어났으나 단명하여 나이 열세 살이 되면 죽어서 다시 악도에 떨어질 것이다. 네가 나의 업보를 벗어나게 할 방법은 없느냐?"

광목은 이 말을 듣고 슬피 울면서 자기 어머니임을 의심치 않고 하녀의 자식에게 말했다.

"당신께서 저의 어머니시라면 스스로 지은 죄를 이미 아시지 않습니까? 어떤 업을 지으셨길래 악도에 떨어지셨습니까?"

"살생의 악업과 삼보를 비방한 업을 지어 악도에 떨어지는 과보를 받았다. 만일 네가 복을 지어 나를 고난에서 구제해 주지 않았더라면 나는 이와같은 업에서 도저히 벗어날 수 없었을 것이다."

광목은 물었다.

"지옥에서 받던 죄의 과보는 어떠했습니까?"

"지옥에서 받던 죄의 과보는 차마 말로 할 수 없다. 백천년을 두고 말하더라도 다 말할 수 없을 것이다."

광목은 이 말을 듣고 눈물을 흘리며 허공을 향해 말했다.

"원하옵나니 나의 어머니를 지옥에서 영원히 벗어나게 해주소서. 열세 살에 목숨을 마치고는 다시 무거운 죄보로 악도에 들어가지 않게 하옵소서.

시방에 계신 모든 부처님이시여, 자비로써 저를 불쌍히 여기시고 제가 어머니를 위하여 일으키는 큰 서원을 들어주옵소서. 만일 어머니가 삼악도(三惡道)와 미천한 신분과 여인의 몸까지 버리고 영겁이 지나도록 죄의 과보에서 벗어나게 해주신다면, 제가 청정연화목여래의 상 앞에서 맹세하겠습니다.

오늘부터 무수한 세계의 지옥과 삼악도에서 고통받고 있는 모든 중생들을 맹세코 제도하여 지옥, 축생, 아귀의 몸에서 영원히 벗어나게 하며, 이와같은 무리들을 모두 다 성불하게 한 뒤에 제가 비로소 올바른 깨달음을 얻도록 하겠습니다."

광목이 이와같은 서원을 발하자 청정연화목여래께서 감응하여 말씀하셨다.

"광목이여, 그대가 큰 자비로 어머니를 위하여 이렇게 큰 서원을 세웠구나. 내가 보건대 그대의 어머니는 열세 살이 되면 이 과보를 버리고 바라문으로 태어나서 백 세까지 살 것이다. 그후에는 근심이 없는 국토에 태어나서 헤아릴 수 없는 겁을 살다가 불과(佛果)를 이루고 항하사의 모래알 같은 수많은 인간과 천상의 중생들을 널리 제도하리라."

석가모니 부처님께서 정자재왕보살에게 다시 말씀하셨다.

"그때 광목을 복으로써 인도한 나한은 바로 무진의보살

이며, 광목의 어머니는 곧 해탈보살이며 딸이 되었던 광목은 곧 지장보살이다.

과거의 오랜 겁을 지나오는 동안 지장보살은 이토록 자비로써 불쌍히 여기고 항하사의 모래알과 같은 많은 서원을 세우고 중생들을 널리 제도하였다.

앞으로 오는 세상에 만일 남자나 여자로서 착한 일을 하지 않는 자, 악한 일을 하는 자, 인과를 믿지 않는 자, 사음, 거짓말, 이간질하고 악담하는 자, 대승법을 믿지 않는 자는 모두 악도에 떨어질 것이다.

만일 선지식을 만나 그의 가르침으로 손가락을 한 번 튕기는 사이라도 지장보살에게 귀의하면 이 모든 중생은 곧 삼악도의 죄업에서 풀려날 것이다.

만일 지극한 마음으로 귀의하여 공경하고 예배찬탄하는 사람은 미래 세상의 헤아릴 수 없는 많은 세월을 항상 여러 하늘에 살면서 묘한 안락을 얻을 것이다. 또한 천상의 복락이 다해 다시 인간세상에 태어나더라도 능히 제왕이 되어서 숙세의 인과를 기억하게 될 것이니라.

정자재왕보살이여, 이와 같이 지장보살에게는 불가사의한 큰 위신력이 있어서 널리 중생을 이롭게 하느니라. 그대들 보살들은 마땅히 이 경을 쓰고 널리 펴서 전하도록 할지니라.”

정자재왕보살이 부처님께 사뢰었다.

“부처님이시여, 바라옵건대 염려하지 마옵소서. 저희 수

많은 보살들이 반드시 부처님의 위신력을 받들어 널리 이
경을 설하여 염부제의 중생들에게 이익토록 하겠습니다."

정자재왕보살이 부처님께 이와 같이 아뢰고 합장예배하
면서 물러갔다.

그때 사방의 천왕이 함께 자리에서 일어나 합장하고 부처
님께 여쭈었다.

"부처님이시여, 지장보살은 과거 오랜 겁을 지나오면서
이와 같이 큰 서원을 발하였는데 어찌하여 지금까지 중생들
을 모두 제도하지 못하고 다시 넓고 큰 서원을 발하옵니까?
바라옵건대 저희들을 위하여 말씀해 주옵소서."

부처님께서 사천왕에게 말씀하셨다.

"참으로 장하다. 내가 이제 그대들과 미래, 현재의 하늘
과 모든 인간 중생들에게 널리 이익을 주기 위하여, 지장보
살이 사바세계에서 고통받고 있는 일체 중생을 구제하고 해
탈케 하는 방편을 설하겠노라."

사천왕이 부처님께 말씀드렸다.

"부처님이시여, 바라옵건대 기꺼이 듣고자 하옵니다."

부처님께서 말씀하셨다.

"지장보살은 오랜 겁을 지나 지금에 이르기까지 많은 중
생들을 제도하여 해탈케 하였지만, 그 서원은 아직도 다하
지 않았느니라.

자비스러운 마음으로서 이 세상의 고통받는 중생들을 불
쌍히 여기며 한량없는 겁 동안 업의 인연이 끊이지 않음을

너무나 많이 보게 됨으로 다시 또 원을 발하게 되는 것이니라.

이와같은 보살은 사바세계 염부제 안에서 백천만억 가지의 방편으로 중생들을 교화하고 있다.

사천왕이여, 지장보살은 만일 중생을 죽이는 이를 보면 태어나게 될 때마다 재앙이 있고 단명하게 되는 과보를 받는다고 설해 줄 것이다.

만일 도둑질하는 이를 보면 가난으로 고통받는 과보를 설해 줄 것이며, 만일 사음하는 사람을 보면 비둘기, 공작, 원앙새의 과보를 설해 준다.

만일 거칠게 말하는 사람을 보면 항상 친지와 싸우는 과보를 말해주고, 만일 사람을 비방하는 이를 보면 혀가 없고 입에 창병이 나는 과보를 말해준다.

만일 화내는 사람을 보면 얼굴이 사납게 일그러지는 과보를 말해주며, 만일 간탐하고 인색한 사람을 보면 구하는 것이 뜻대로 구해지지 않는 과보를 말해주며, 만일 음식을 법도 없이 먹는 사람을 보면 배고프고 목마르고 목에 병이 나는 과보를 말해준다.

만일 사냥하기를 좋아하는 사람을 보면 놀라거나 미쳐서 죽는 과보를 말해주며, 만일 어버이에게 불효하는 이를 보면 천재지변으로 죽는 과보를 말해준다.

만일 산과 숲에 불을 지르는 사람을 보면 실성해서 죽는 과보를 말해주고, 만일 어느 생에서나 부모에게 악독하게 하는 사람을 보면 내생이 바뀌어 나서 매를 맞는 과보를 말해주며, 만일 그물로 새를 잡는 사람을 보면 골육간에 서로 이별하는 과보를 말해준다.

만일 불법승 삼보를 비방하는 사람을 보면 눈 멀고 귀 멀고 벙어리가 되는 과보를 말해주고 만일 불법을 가벼이 여기고 불교를 업신여기는 사람을 보면 영원히 악도에 떨어지는 과보를 말해준다.

만일 절의 재물을 마음대로 쓰는 사람을 보면 억겁 동안 지옥에서 윤회하는 과보를 말해주며, 만일 청정한 행을 더럽히고 스님을 속이는 이를 보면 영원히 축생으로 윤회하는 과보를 말해준다.

만일 끓는 물, 불, 무기로 생명을 죽이는 이를 보면 윤회하면서 서로 끊임없이 앙갚음하는 과보를 말해주며, 만일 계를 파하는 이를 보면 새나 짐승이 되어 굶주리는 과보를 설해준다.

재물을 바르게 쓰지 않고 낭비하는 사람을 보면 구하는 바가 막히고 끊어지는 과보를 말해주며, 만일 아만이 많은 이를 보면 미천한 종이 되는 과보를 말해준다.

만일 두 말로 이간질시켜서 싸움을 하게 만드는 자는 혀가 없거나 혀가 백이나 되는 과보를 말해주며, 만일 삿된 소견으로 어리석은 사람을 보면 변방에 태어나는 과보를 말해줄 것이다.

이와 같이 염부제의 중생들이 몸과 입과 생각으로 짓는

악업의 결과로 받게 되는 백천 가지 과보를 말하였느니라.
이와 같이 염부제 중생이 지은 악업의 과보의 차이에 따라
지장보살은 백천 가지 방편으로 교화하고 있건만, 중생들은
이와같은 죄의 업보를 미리 받고 뒤에 지옥에 떨어져 여러
겁이 지나도록 벗어날 기약이 없다. 그러므로 그대들은 사
람과 나라를 보호하여 이 모든 죄업으로 중생을 미혹하게
만들지 말지어다."
　사천왕은 이 말씀을 듣고 눈물을 흘리고 슬피 탄식하면서
합장하고 물러갔다.

제 5 장 지옥의 이름

그때 보현보살이 지장보살에게 말했다.

"지장보살이시여, 바라옵나니 천신과 인간, 용, 팔부신중(八部神衆)과 미래, 현재의 일체중생을 위해서, 사바세계 죄업중생이 받는 지옥의 이름과, 과보를 받는 일을 말씀하시어 미래세의 말법중생들로 하여금 그 과보를 알게 하소서."

지장보살이 대답했다.

"어진이여, 내가 이제 그대에게 부처님의 위신력과 대사의 힘을 받들어 지옥의 이름과 죄의 과보에 대해서 간략히 말하겠습니다.

염부제 동쪽에 산이 있는데 이름을 철위산이며 그 산은 어둡고 깊어서 해와 달도 비추지 못합니다. 여기에 큰 지옥이 있는데 이름하여 무간지옥(無間地獄)이라 하며, 또 지옥이 있는데 이름하여 대아비지옥(大阿鼻地獄)이라고 하며, 또 다른 지옥은 이름하여 사각(四角)이라고 합니다.

또 비도지옥(飛刀地獄), 화전지옥(火箭地獄), 협산지옥(峽山地獄), 통창지옥(通槍地獄), 철거지옥(鐵車地獄), 철상지옥(鐵床地獄), 철우지옥(鐵牛地獄), 철의지옥(鐵衣地獄), 천인지옥(千刃地獄), 철려지옥(鐵驢地獄), 양동지옥(洋銅地獄), 포주지옥(抱柱地獄), 유화지옥(流火地獄), 경설지옥(耕舌地獄), 좌수지옥(坐首地獄), 소각지옥(燒脚地獄), 담안지옥(噉眼地獄), 철환지옥(鐵丸地獄), 쟁론지옥(爭論地獄), 철수지옥(鐵銖地獄), 다진지옥(多瞋地獄)이 있습니다."

지장보살이 또 말했다.

"철위산 속에는 이와같은 지옥들이 수없이 있습니다. 또한 규환지옥(叫喚地獄), 발설지옥(拔舌地獄), 분뇨지옥(糞尿地獄), 동쇄지옥(銅鎖地獄), 화상지옥(火象地獄), 화구지옥(火狗地獄), 화석지옥(火石地獄), 화마지옥(火馬地獄), 화우지옥(火牛地獄), 화산지옥(火山地獄), 화상지옥(火床地獄), 화량지옥(火梁地獄), 화응지옥(火鷹地獄), 거아지옥(鉅牙地獄), 박피지옥(剝皮地獄), 음혈지옥(陰血地獄), 소수지옥(燒手地獄), 소각지옥(燒脚地獄), 도자지옥(倒刺地獄), 화옥지옥(火屋地獄), 철옥지옥(鐵屋地獄), 화낭지옥(火狼地獄) 등이 있습니다.

이러한 여러 지옥 속에는 또 각각 작은 지옥들이 있는데 하나에서 둘, 셋, 넷, 백천까지 있으니 그 이름이 각각 다릅니다."

지장보살이 또 다시 보현보살에게 말했다.

"어진이여, 이 여러 가지 지옥들은 모두 사바세계에서 악업을 지은 중생들의 업력으로 생겨난 것입니다.

업의 힘은 매우 커서 능히 수미산과 겨룰 만하며 깊고 큰 바다와 같아서 성도(成道)의 길을 방해합니다.

그러므로 중생들은 아무리 작은 악이라도 죄가 되지 않는다고 가벼이 여기지 말아야 합니다. 아무리 작은 악이라도 죽은 뒤에는 과보를 받아야 하며, 부모와 자식 사이라도 가는 길이 각각 다르고 비록 서로 만날지라도 죄업을 대신 받을 수 없습니다.

내가 이제 부처님의 위신력을 받들고 지옥에서 죄업의 과보를 받는 일을 말하리니 잘 들어보시기 바랍니다."

보현보살이 대답했다.

"내가 삼악도(三惡道)의 업보를 안 지는 오래되었습니다. 지금 다시 이렇게 바라는 바는 후세 말법시대의 모든 악업 중생들이 지장보살의 말씀을 듣고 불법으로 돌아오게 하려는 것입니다."

지장보살이 말했다.

"지옥의 업보는 이와 같습니다. 어떤 지옥은 혀를 뽑아서 소로 하여금 갈게 하고, 어떤 지옥은 죄인의 심장을 꺼내어 야차(夜叉)[28]가 먹으며, 어떤 지옥은 물을 펄펄 끓여 몸을 삶습니다.

어떤 지옥은 벌겋게 달군 구리쇠 기둥을 죄인들로 하여금 안게 합니다. 어떤 지옥은 맹렬하게 타오르는 불더미를 죄인의 몸에 덮어 씌웁니다.

어떤 지옥은 언제나 차가운 얼음만으로 이루어져 있으며, 어떤 지옥은 한량없는 똥과 오줌뿐입니다.

어떤 지옥은 쇠뭉치가 날아서 죄인을 쫓아오며, 어떤 지옥은 불창으로 찌릅니다. 어떤 지옥은 몽둥이로 가슴과 배를 때리며, 어떤 지옥은 손발을 태웁니다.

어떤 지옥은 쇠뱀이 달려들어 몸을 칭칭 감아 조이며, 어떤 지옥은 몸이 쇠로 된 개가 달려들며, 어떤 지옥은 불에 달군 쇠로 된 나귀를 타게 합니다.

이와같은 업보를 받는 지옥마다 백천 가지의 형구(刑具, 고통을 주는 기구)가 있는데 모두 구리, 무쇠, 돌, 불로 되어 있습니다. 이 네 가지 물건은 여러 가지 업의 작용을 나타내는 것입니다.

만약 지옥의 업보에 대하여 자세히 말한다면 각각의 지옥마다 다시 백천 가지의 고통이 있는데 하물며 다른 지옥의 고통들은 더 말할 바가 있겠습니까?

내가 이제 부처님의 위신력과 보현보살의 물음을 받들어 간략히 말했으나 만일 상세히 말하고자 한다면 겁이 다하더라도 다 말할 수 없을 것입니다.”

제 6 장 여래의 찬탄

　그때 세존께서 온 몸에 대광명을 놓으사 항하사와 같은
모든 부처님의 세계를 두루 비추시고, 큰 음성을 발하여 모
든 부처님 세계의 일체 보살과, 천신과 인간과 용, 귀신, 인
비인(人非人)[29]에게 말씀하셨다.

　"내가 오늘 시방세계에서 불가사의한 큰 위신력과 자비
의 힘으로써 온갖 업보의 고통을 받는 중생들을 구호하는
지장보살의 일을 드높이 찬탄하리라. 내가 멸도한 뒤에 그
대들 모든 보살들과 천, 용, 귀신들은 널리 방편으로 이 경
전을 지킬 것이며 일체중생으로 하여금 모든 고통을 버리고
열반의 기쁨을 얻게 하라."

　이와 같이 말씀하시자 그 자리에 있던 보광보살이 합장하
고 부처님께 아뢰었다.

　"지금 부처님께서는 지장보살에게 불가사의한 대위신력
이 있음을 찬탄하셨습니다. 오직 바라옵건대, 부처님께서는

미래세의 말법중생을 위하여 지장보살이 인간과 천상을 이익케 하는 인과에 대해서 말씀하여 주십시오. 그리하여 모든 천과 용, 팔부신중(八部神衆)과 미래세 중생으로 하여금 부처님의 말씀을 받들게 하여 주십시오."

그때 부처님께서 보광보살과 비구, 비구니, 우바새, 우바이에게 말씀하셨다.

"내가 마땅히 그대들을 위하여 지장보살이 인간과 천상을 이익케 하는 복덕에 대하여 간략히 말하겠느니라."

보광보살이 부처님께 아뢰었다.

"부처님이시여, 기꺼이 듣고자 하나이다."

부처님께서 말씀하셨다.

"만일 미래세에 어떤 선남자, 선여인이 지장보살의 명호를 듣고서 합장하는 이와 찬탄하는 이, 예배하는 이, 흠모하는 이는 삼십 겁 동안 지은 죄에서 벗어나리라.

보광보살이여, 만일 어떤 선남자, 선여인이 지장보살의 상을 그리거나, 혹은 흙, 돌, 아교, 금, 은, 동, 철로서 이 보살상을 조성하여 모시고 한 번이라도 예배하는 이는, 백 번이나 삼십삼천(三十三天)[30]에 태어나고 영원히 악도에 떨어지지 않으리라.

혹 천상에서의 복이 다해 인간세상에 태어난다고 해도 오히려 국왕이 되어서 큰 이익을 받으리라.

만일 어떤 여자가 여자의 몸을 싫어 한다면 정성을 다해 지장보살의 탱화나 화상에 공양하되 날마다 물러서지 않고 항상 꽃, 향, 음식, 의복, 비단, 당(幢)이나 번(幡)[31], 돈, 보배로서 공양하면 이 여인은 한번 받은 여자의 몸이 다하면 백천만 겁이 지나도록 다시는 여인이 있는 세계에 태어나지도 않을 것이니 어찌 다시 여자의 몸을 받으리오.

다만 자비 원력으로 중생을 제도하기 위해서 짐짓 받는 여자의 몸은 말할 것이 없을 것이니라. 지장보살께 공양한 힘과 공덕의 힘을 입은 까닭에 천만 겁이 지나도록 다시는 여자의 몸을 받지 않을 것이니라.

보광보살이여, 또 만일 어떤 여인이 몸이 추하고 질병이 많으면, 지장보살상 앞에서 지극한 마음으로 한나절만 우러러 지극히 예배하더라도, 이 사람은 천만 겁 동안 태어나는 몸이 원만하고 모든 질병이 없을 것이다.

이 여인이 만약 여자의 몸을 싫어하지 않는다면 곧 천만억 겁 동안 항상 왕녀, 왕비가 되고 재상이나 명문가의 딸이 되어 단정하게 태어나게 되고 모든 형상이 아름답게 갖추어지리라.

지극한 마음으로 지장보살을 우러러 예배한 까닭에 이와 같은 복덕을 얻나니라.

보광보살이여, 만일 선남자, 선여인이 지장보살상 앞에서 모든 풍류와 소리로 찬탄하며, 꽃과 향으로써 공양하고 한 사람이나, 여러 사람에게 권하더라도, 이 사람은 현재세와 미래세에 항상 귀신들이 밤낮으로 보호해서 악한 일은 귀에 들리지 않게 하리니 하물며 횡액을 받으리오.

제6장 · 여래의 찬탄

보광보살이여, 미래세에 악한 사람과 악한 귀신이 있어서 선남자, 선여인이 지장보살께 귀의하고, 공경하며, 공양찬탄하는 예를 보고 망령되이 희롱하고 비방할지도 모른다.

그 악한 귀신은 아무 공덕이 없다고 비방하면서 이를 드러내어 비웃거나 혹은 다른 사람을 시켜 비웃게 하고 혹 한 사람, 여러 사람에게 비난하여 한 생각이라도 헐뜯고 비방한다면 이는 헤아릴 수 없는 많은 겁이 지나 천 불이 멸도한 뒤에라도 삼보를 비방한 죄로 아비지옥에 떨어져 가장 무거운 죄를 받게 될 것이다.

또한 이 겁이 지나면 겨우 아귀가 되고, 천 겁이 지나면 축생이 되고, 또 천 겁이 지난 후 비로소 사람의 몸을 얻게 될 것이니라.

비록 사람의 몸을 얻었다고 할지라도 가난하고 미천하며 불구가 되고 악업이 몸에 배어 있어서 오래지 않아 다시 악도에 떨어질 것이니라.

보광보살이여, 다른 사람이 공양 올리는 것을 비방하면 오히려 이와같은 과보를 받거늘 하물며 악한 마음을 내어서 희롱하고 훼방하는 것은 말할 것도 없느니라.

보광보살이여, 또 미래세에 그런 사람은 병들어서 오래도록 누워 있게 되며 살고자 하거나 혹은 죽고자 하여도 마음대로 되지 않느니라.

혹은 꿈에 악한 귀신과 집안 친척이 보이며 혹은 험한 길을 헤매기도 하며 가위눌리고, 귀신과 함께 놀며, 날이 감에 따라 몸은 점점 파리해지고 야위어서, 잘 때에도 소리치며 괴로워 하느니라.

이것은 다 업의 길[業道]에서 죄의 경중을 결정하지 못하였으므로 죽기도 어렵고, 나을 수도 없게 된 것이니 사람의 평범한 눈으로는 판단할 수 없느니라.

이런 때에는 다만 모든 부처님과 보살의 형상 앞에서 큰 소리로 이 경을 한 번이라도 읽고 병든 사람이 아끼는 물건이나 의복, 보배, 장원이나 사택을 놓고 병자 앞에서 큰 소리로 외칠지니라.

"우리들이 그대를 위하여 경전과 불상을 모시고 이 재물을 바칩니다. 또 경전과 불상을 공양하고 부처님과 보살의 형상을 조성하고 탑과 절을 짓고 등불을 켜고 절에 보시합니다."

이와 같이 두 번, 세 번 축원하여 병자가 알아 듣도록 하라. 만약 병자가 의식이 흩어지고 기진해 있을지라도 하루, 이틀, 사흘 내지 칠 일 동안 높은 소리로 이것을 말해 주고 높은 소리로 이 경전을 독송하면, 병자는 목숨이 마친 다음 오무간지옥에 들어갈 사람이라도 영원히 깨달음을 얻을 것이다. 또한 태어나는 곳마다 항상 숙업을 알 것이니라.

선남자, 선여인이 스스로 이 경을 독송하고 한 생각이라도 이 경을 찬탄하며, 이 경을 공경하는 이를 보거든 그대는 갖가지 방편으로 이 사람들에게 권하여 부지런한 마음으로 물러남이 없도록 하면, 반드시 미래와 현재에 불가사의한 백천만억의 공덕을 얻게 될 것이니라.

보광보살이여, 만일 미래세에 모든 중생이 꿈이나 잠결에 귀신이 보이되 그들이 슬피 울며, 근심하고 탄식하며, 두려워하고 겁내는 것을 보게 되는 것은 모두 한 생이나, 열 생, 백 생, 천 생의 과거로부터 부모, 형제, 부부, 친척들이 악도에서 벗어나지 못하였기 때문이니라.

또한 그들의 고통을 복력으로 구해줄 이가 아무도 없으므로, 숙세의 혈육에게 호소하여 벗어나게 되기를 간절히 원하는 것이다.

보광보살이여, 그대는 위신력으로 이들로 하여금 모든 부처님과 보살상 앞에서 지극한 마음으로 스스로 이 경을 읽거나 혹은 사람을 청하여 세 번, 일곱 번 읽게 하라.

그리하면 악도에 있는 친척들이 경 읽는 소리가 끝나는 대로 곧 깨달음을 얻어 꿈이나 잠결에서도 귀신이 다시 보이지 않게 된다.

보광보살이여, 미래세에 태어난 미천한 사람, 혹은 노비나 부자유한 사람들이 전세의 죄업임을 깨닫고 참회하고자 하거든, 지극한 마음으로 지장보살의 형상에 우러러 절하면서 칠 일 동안 보살의 명호를 외워서 만 번을 채우라.

그 사람은 과보가 다한 뒤에 천만생 동안 항상 높고 귀한 집에 태어나며 다시는 삼악도의 고통을 겪지 않게 되느니라.

보광보살이여, 만약 미래세에 염부제에 사는 왕족이나,

바라문, 장자, 거사나 다른 종족에 새로 태어나는 사람으로 남자든, 여자든 칠 일 이내에 이 불가사의한 경전을 읽어주고 또한 보살의 이름 부르기를 만 번 채우라.

새로 태어나는 아기는 전세에 지은 업보가 다 풀리고 안락하게 잘 자라고 수명이 늘어날 것이니라. 또한 복을 타고난 아이라면 더욱 잘 자라게 될 것이니라.

보광보살이여, 미래세의 중생은 달마다 1일, 8일, 15일, 18일, 23일, 24일, 28일, 29일, 30일에는 모든 죄업을 모아서 그 무겁고 가벼움을 결정하느니라.

남염부제의 중생들이 행동하고 생각하는 것 가운데 죄 아닌 것은 없다. 그런데 하물며 방자한 마음으로 살생하고 도둑질하며, 사음하고 거짓말하는 갖가지 죄의 모습에 있어서랴?

만약 십재일에 부처님과 보살과 모든 성현의 형상 앞에서 이 경을 한 번 읽으면, 동서남북 백 유순 안에서는 모든 재난이 없어질 것이며 그가 사는 집안의 어른이나 아이들이 현재와 미래의 백천 세에 영원히 악도(惡道)에서 벗어날 것이니라.

또 십재일마다 이 경을 한 번 읽으면 현세에 그 집안의 모든 횡액이나 질병이 없어지고 의복과 먹을 것이 풍족해지느니라.

그러므로 보광보살이여, 지장보살에게는 이와 같이 말할 수 없는 백천만억의 큰 위신력과 이익이 있음을 알아야 하느니라.

염부제의 중생이 지장보살과 큰 인연이 있으니 모든 중생이 이 보살의 이름을 듣고 보살의 형상을 보며 이 경의 세 글자, 다섯 글자 혹은 한 게송, 한 구절이라도 듣는 이는 현재에 안락하며 미래세에 항상 단정한 몸을 받고 존귀한 가문에 태어나게 되느니라."

그때 보광보살이 부처님께서 지장보살을 찬탄하심을 듣고서 무릎을 꿇어 합장하고 다시 부처님께 여쭈었다.

"부처님이시여, 저는 이미 지장보살의 불가사의한 위신력과 거룩한 서원의 힘을 알았습니다. 그러나 미래세의 중생들을 이익케 하기 위해서 짐짓 부처님께 여쭈옵니다. 바라옵건대 자비로써 들어 주옵소서. 이 경의 이름을 무엇이라고 하며 저희들은 이 경을 어떻게 펴야 하겠습니까?"

부처님께서 보광보살에게 말씀하셨다.

"이 경에는 세 가지 이름이 있나니라. 첫째 이름은《지장보살본원경(地藏菩薩本願經)》이며, 둘째 이름은 《지장보살본행경(地藏菩薩本行經)》이며, 셋째 이름은 《지장보살본서원력경(地藏菩薩本誓願力經)》이니라.

지장보살은 멀고 먼 겁을 지나오면서 큰 서원을 발하여 중생들을 이익케 하여 왔느니라. 그러므로 그대들은 이 원력에 따라 유포하도록 할지니라."

보광보살은 부처님의 말씀을 깊이 새겨 듣고 신심으로 받들어 합장예배하고 물러갔다.

제 7 장 모든 목숨을 이익케 함

그때 지장보살이 부처님께 아뢰었다.

"부처님이시여, 제가 이 염부제의 중생들을 살펴보니 발을 내딛고 생각하는 모든 것이 죄업 아닌 것이 없습니다. 혹 훌륭한 사람을 만나더라도 대개 처음 발한 좋은 마음을 잃고 맙니다. 혹 나쁜 인연을 만나면 생각생각마다 나쁜 생각이 더해갑니다.

이와같은 사람은 마치 진흙 구덩이에서 무거운 짐을 지고 걷는 것과 같아서, 점점 지치고 더욱 깊숙한 구렁으로 빠지는 것과 같습니다. 다행히 선지식을 만나면 그 무거운 짐을 덜어 주거나 혹은 책임져 주기도 합니다. 이것은 선지식에게 큰 힘이 있기 때문입니다.

그리고 다시 서로 도와서 다리를 튼튼하게 만들며 평지에 이르러서는 험한 길을 살펴보고 다시는 그 길에 들어가지 않게 합니다.

부처님이시여, 악을 익힌 중생들은 하찮고 보잘것없는 일에서조차 한량없는 죄를 저지르고 맙니다.

이와같은 악습에 젖은 중생들이 목숨을 마칠 때 가족이 마땅히 그를 위해 복을 베풀어주되 깃발을 달고, 등불을 밝히며 경전을 읽어주며 혹은 불상과 성상에 공양하며, 부처님과 보살, 벽지불의 명호를 독송하되, 한 분의 명호를 외우더라도 임종하는 사람의 귀에 들리게 해야 합니다. 이 사람은 그 공덕으로 인하여 그가 지은 죄업으로는 반드시 악도에 떨어질 것이나, 그 가족들이 임종하는 사람을 위하여 좋은 인연을 닦았으므로 이와같은 여러 가지 죄가 다 없어질 것입니다.

만일 그 중생이 죽은 뒤 49일 안에 여러 가지 좋은 복을 닦으면 그 중생은 능히 나쁜 곳을 영원히 벗어나게 될 것입니다.

또한 인간이나 천상에 태어나서 큰 즐거움과 복을 받을 것이며 현생의 가족들도 한량없는 이익을 받을 것입니다.

그러므로 제가 이제 부처님과 천신과 인간, 용, 팔부신중들에게 바라옵나니, 사바세계의 중생들에게 임종하는 날 살생하지 말고 삼가 악한 인연을 짓지 말며, 귀신이나 도깨비에게 절하는 일을 하지 말도록 권하여 주십시오.

왜냐하면 살생을 하면서까지 제사지내는 것은 털끝만큼도 죽은 이에게는 이익됨이 없고, 다만 나쁜 인연만을 맺어 죄를 더욱 깊고 무겁게 할 뿐이기 때문입니다.

만일 현세나 내세에 좋은 일을 해서 인간이나 천상에 태어나게 되었더라도 임종할 때 그 가족들이 악한 인연을 짓게 되면 죽은 사람은 그 원인으로 좋은 곳에 태어나는 것이 늦어질 뿐입니다.

하물며 임종한 사람이 생존시에 작은 선근조차도 없었다면, 본래 지은 죄업에 따라 스스로 악도에 떨어질 것이니 어찌 차마 가족들이 다시 악업을 지어 보태겠습니까?

비유컨대 어떤 사람이 먼 곳에서 오는데 굶은 지 사흘이 되고 짐은 백 근이 넘는데 이웃 사람을 만나서 다시 작은 짐을 더 얹는다면 점점 피곤해져서 지쳐버리게 되는 것과 같습니다.

부처님이시여, 제가 보건대 남염부제 중생이 오직 불법 안에서 한 터럭, 한 물방울, 한 티끌만큼의 착한 일만 하더라도 이로 말미암은 이익을 모두 얻게 될 것입니다.

그때 그 자리에 한 장자가 있었으니 이름은 대변(大辯)이라 하였다. 이 장자는 오래 전에 무생(無生)의 진리를 깨달아 시방의 중생들을 교화하였으며 장자의 몸을 나타내어 합장하고 공양하는 마음으로 지장보살에게 물었다.

"지장보살이시여, 사바세계의 중생들이 목숨을 마친 뒤 그의 가족들이 그를 위해 공덕을 닦거나 재물로 여러 가지 착한 인연을 짓게 되면 임종한 사람은 어떤 큰 인연을 얻어 해탈을 성취하게 됩니까?"

지장보살이 대답했다.

"장자여, 내가 이제 현재와 미래의 일체중생들을 위하여 부처님의 위신력을 빌어서 그것을 말하겠습니다.

장자여, 현재 미래의 모든 중생들이 임종할 때, 한 부처님의 명호나 한 보살의 명호, 한 벽지불의 명호를 듣게 되면 죄의 유무를 떠나서 모두 해탈하게 됩니다.

만일 어떤 남자나 여인이 살아서 착한 인연을 닦지 않고 여러 가지 악업만을 지었다고 할 때, 목숨을 마친 뒤에 여러 가족들이 그를 위하여 이익되는 착한 일을 하게 되면, 그 가운데 칠분의 일은 죽은 사람이 얻고 나머지는 살아 있는 사람들이 얻게 됩니다.

그러므로 현재와 미래세의 선남자, 선여인이 이 말씀을 듣고 스스로 공덕을 닦으면 완전한 복덕을 얻게 됩니다.

죽음의 귀신은 느닷없이 찾아 옵니다. 그때 비로소 중생들은 캄캄한 어둠 속에서 헤매이고, 스스로의 죄업과 복덕을 알지 못하며 49일 동안 바보나, 귀머거리처럼 방황하다가 중생의 죄업을 심판하는 곳에서 업보를 변론하고, 심판받은 뒤에야 업보에 의해서 다시 태어나게 됩니다. 앞일을 예측할 수 없는 그 사이에도 번민과 고통이 천만 가지이거늘, 하물며 여러 갈래의 악도에 떨어져 고통받는 것을 무엇으로 설명하겠습니까?

그러므로 생명을 마친 사람이 새 생명을 받지 못하는 49일 동안에는 모든 가족들이 명복을 빌어 구원해 주기를 바라는 것입니다.

그러나 49일이 지나면 각자의 죄업에 따라 과보를 받게 됩니다. 만일 그가 죄업이 깊은 사람이라면 천백 세가 지나도록 해탈할 날이 없을 것입니다. 만 겁이 지나도록 영원한 고통을 받게 됩니다.

장자여, 이와같은 중생들이 생명을 마친 뒤 가족들이 재를 베풀어서 갈 길을 도와줄 때, 그 재식을 마치기 전이나 재를 마련할 때, 쌀뜨물과 나물 다듬은 찌꺼기 등을 땅에 버리지 말아야 합니다. 또한 모든 음식을 부처님과 스님들에게 올리기 전에 먼저 먹어서는 아니됩니다.

만일 이 법을 삼가지 않으면, 생명을 마친 사람에 대해 그는 조금도 복덕이 되지 못합니다. 만일 청정하고 지극한 마음으로 공양구를 부처님과 스님들께 올리면, 죽은 사람은 그 공덕의 칠분의 일을 얻을 것입니다.

장자여, 염부제의 중생이 만일 그 부모와 가족들을 위해서 지극하고 간절한 마음으로 재를 베풀어 공양하면 산 사람과 죽은 사람이 모두 이를 얻게 됩니다."

지장보살이 이와 같이 설할 때 도리천궁에 있던 천만억 나유타의 염부제 귀신들이 한량없는 보리심을 발하였으며, 대변장자는 기쁜 마음으로 가르침을 받들며 예배하고 물러갔다.

제 8 장 염라왕들에 대한 찬탄

　그때 철위산 속에 있던 셀 수 없이 많은 귀왕(鬼王)들이 염라천자(閻羅天子)[32]와 함께 부처님이 계시는 도리천에 이르렀다.

　그들은 악독귀왕(惡毒鬼王), 다악귀왕(多惡鬼王), 대쟁귀왕(大爭鬼王), 백호귀왕(白虎鬼王), 혈호귀왕(血虎鬼王), 적호귀왕(赤虎鬼王), 산앙귀왕(散殃鬼王), 비신귀왕(飛身鬼王), 전광귀왕(電光鬼王), 낭아귀왕(狼牙鬼王), 천안귀왕(千眼鬼王), 담수귀왕(瞰獸鬼王), 부석귀왕(負石鬼王), 주모귀왕(主耗鬼王), 주복귀왕(主福鬼王), 주식귀왕(主食鬼王), 주재귀왕(主財鬼王), 주축귀왕(主畜鬼王), 주금귀왕(主禽鬼王), 주수귀왕(主獸鬼王), 주매귀왕(主魅鬼王), 주산귀왕(主産鬼王), 주명귀왕(主命鬼王), 주질귀왕(主疾鬼王), 주험귀왕(主險鬼王), 삼목귀왕(三目鬼王), 사목귀왕(四目鬼王), 오목귀왕(五目鬼王), 기리실왕(祁利失王), 대기리실왕(大祁利失王), 기리차왕(祁利叉王),

대기리차왕(大祁利叉王), 아나타왕(阿那吒王), 대아나타왕(大阿那吒王)과 같은 대귀왕들이었다.

이들은 모두 백천이나 되는 여러 소귀왕(小鬼王)들을 데리고 모든 염부제에서 각각 맡은 일이 있었고 머무는 곳이 따로 있었다.

이 모든 귀왕들은 염라천자와 더불어 부처님의 위신력과 지장보살마하살의 힘을 입어 도리천에 와서 대중 속에 있었다.

그때 염라천자가 꿇어 앉아 합장하고 부처님께 여쭈었다.

"부처님이시여, 저희들은 이제 모든 귀왕과 더불어 부처님의 위신력과 지장보살의 힘을 입어 이 도리천궁의 대법회에 왔습니다. 이는 저희들이 착한 이익을 얻기 위한 것입니다. 제가 이제 조금 의심되는 일이 있어서 감히 부처님께 여쭙니다. 바라옵건대 부처님이시여, 자비로써 저희들을 위해 말씀해 주십시오."

부처님께서 염라천자에게 말씀하셨다.

"그대는 궁금한 바를 마음껏 물으라. 내가 그대들을 위하여 말해 주리라."

이때 염라천자가 부처님을 우러러 예배드리고 지장보살을 바라보며 부처님께 말씀드렸다.

"부처님이시여, 제가 지장보살을 살펴보니 6도(六道) 중에 계시면서 백천 가지 방편으로 고통받는 중생들을 구하시면서 피로도 괴로움도 마다하지 않으십니다. 이 대보살에게는 이와같은 불가사의한 신통이 있으나 모든 중생들은 죄보에서 벗어났다가 오래지 않아 다시 악도에 떨어지고 맙니다.

부처님이시여, 이 지장보살에게는 그와 같은 불가사의한 신통력이 있는데도 어찌하여 중생들은 거룩한 가르침에 의지하여 영원한 해탈을 구하려 하지 않습니까? 바라옵건대 부처님이시여, 저희들을 위하여 말씀해 주옵소서."

부처님께서 말씀하셨다.

"염부제의 중생들은 마음이 거칠고 어리석어서 교화하기 어렵다. 그러나 지장보살은 백천 겁이 지나도록 이와같은 중생들을 빠짐없이 구제하여 해탈의 길로 이끌고 있다.

또 죄업에 가득찬 중생들과 모진 악도에 떨어진 사람까지도, 지장보살은 방편력으로써 업연의 뿌리까지 뽑아서 전세의 일을 깨닫게 해주건만, 염부제의 중생들은 스스로 악습에 젖어 있어서 금방 악도에서 벗어났다가 다시 들어가고 있다. 그러므로 지장보살은 수고를 마다하지 않고 오랜 겁이 지나도록 중생들을 계속 제도해야만 하는 것이다.

비유컨대, 어떤 사람이 본래의 집을 잃고 방황하다가 험한 길로 잘못 들어 섰는데 그 길에서 숱한 야차와 호랑이, 사자, 구렁이, 뱀, 독사들과 마주치게 되었다.

그때 마침 술법을 잘 알고 있는 선지식이 있어서 큰 술법으로 야차와 악한 짐승들을 잘 막아내고 있었다. 그러나 갑자기 어리석은 나그네가 그 험한 길에 들어 가려고 하는 것을 보고 외쳤다.

"가엾은 나그네여, 어쩌자고 이런 길로 들어서게 되었는 가? 모든 독기를 막아낼 수 있는 무슨 기이한 술법이라도 있다는 말인가?"

길 잃은 사람은 이 말을 듣고 비로소 험한 길인 줄 깨닫고 곧 물러서며 이 길에서 벗어나고자 했다. 그때 선지식이 나 그네의 손을 잡고 이끌어 험한 길에서 벗어나서 넓고 평탄 한 길로 인도하여 안전하게 해주고 말했다.

"가엾은 나그네여, 지금부터는 다시 저 길에 들지 말아야 하느니 저 길에 드는 이는 벗어나기 어려우며 더욱이 목숨 까지 잃게 되리라."

길 잃은 사람은 감동했다. 서로 헤어지려 할 때 선지식은 다시 말했다.

"만일 친한 사람이나 길가는 사람을 보거든 저 길에는 악 독한 짐승이 많이 있으므로 생명을 잃게 된다고 말해주어서 모든 중생들로 하여금 스스로 죽음의 길을 걷지 않도록 하 여라."

이와 같이 말하는 것과 같다.

이처럼 지장보살은 큰 자비심으로 죄업을 짓고 고통받는 중생들을 구원해서 사람의 몸으로 태어나게 하고 안락을 누 리게 해주면, 중생들은 악업의 길에서 겪는 고통을 알고서 그 길에서 벗어나 다시는 고통을 겪지 않는다.

그것은 마치 길 잃은 사람이 험한 길에 들어섰다가 선지식을 만나서 다시는 악도에 들어가지 않는 것과 같다. 또 다른 사람들을 만나도 악도에 들어가지 않도록 권유하여 모두가 자연히 해탈케 하여 다시는 들어가지 않는 것과 같다.

만일 그 길을 다시 밟는다면 아직도 어리석어서 옛날에 빠져들었던 험한 길인 줄 깨닫지 못하고 목숨을 잃어버리게 되니, 마치 악도에 빠진 중생을 지장보살의 원력으로 해탈케 하여, 인간이나 천상에 태어나게 하여도 금방 다시 악도에 들어가는 것과 같다. 만일 죄업이 무거우면 영원히 지옥에서 벗어나지 못하리라."

그때 악독귀왕이 합장하고 부처님께 여쭈었다.

"부처님이시여, 저희들 귀왕들은 그 수가 한량 없습니다. 염부제에서는 사람들에게 이익을 주기도 하고 혹 사람들에게 두려움을 주기도 합니다. 제가 권속들로 하여금 세계를 돌아다니게 해보면 악한 일은 많고 맑고 거룩한 일은 적습니다.

그러나 사람의 집이나 성읍, 촌락, 장원을 지나다가 어떤 남자나 여자가 털끝 만큼이라도 착한 일을 하는 것을 보게 됩니다.

즉 불법을 찬탄하는 깃발을 달거나 약간의 향과 꽃을 부처님과 보살상 앞에 공양하든지, 혹은 고귀한 경전을 읽으며 한 구절, 한 게송에 향을 사루는 것만 보아도 저희 귀왕은 이 사람들에게 공경히 예배하기를 과거, 현재, 미래의 부처님을 섬기듯 합니다.

또한 큰 힘이 있는 귀신이나, 토지를 맡은 작은 귀신들로 하여금 이들을 보호하도록 해서 나쁜 횡액과 모진 병, 바라지 않는 일들이 그 집에 얼씬도 못하게 하거늘 하물며 그 집안으로 들어가게 하겠습니까?"

　부처님께서 귀왕을 칭찬하시면서 말씀하셨다.

　"참으로 훌륭하도다. 그대들이 염라천자와 더불어 그토록 선남자, 선여인을 옹호하다니 범왕과 제석천에 일러서 그대들을 보호할 것이니라."

　이와 같이 말씀하셨을 때 그 자리에 있던 주명(主命)이라는 귀왕이 부처님께 여쭈었다.

　"부처님이시여, 저는 본래 지은 업연 때문에 염부제 중생들의 수명을 맡아서 날 때와 죽을 때를 주관하고 있습니다. 저의 본원은 많은 중생들에게 이익을 주고자 노력합니다만 중생들은 제 뜻을 알지 못하고 태어나고 죽을 때 모두 괴로워합니다.

　이 염부제의 중생들이 처음 태어날 때, 남자와 여자를 가리지 않고, 출산에 임박해 착한 일을 하여 집안을 더욱 이롭게 하면, 토지신은 한량없이 기뻐하면서 자식과 어머니를 보호하여 큰 안락을 얻도록 하고 가족들도 이롭게 합니다.

　자식을 낳은 뒤에는 살생을 하지 말아야 하는데도 여러 가지 생선을 산모에게 먹이며, 또한 가족들이 모여 술과 고기를 먹으며 노래하고 풍악을 즐긴다면 그것은 어머니와 자식을 편안하게 해주는 것이 아닙니다.

지장경

왜냐하면 아기를 낳을 때는 무수히 많은 귀신과 도깨비들이 비린내나는 피를 먹고자 하므로 제가 미리 가택신(家宅神)이나 토지신들에게 명하여 산모와 아이를 편안하게 보호해 줍니다.

그 사람들이 편안한 것을 본 뒤에는 마땅히 복을 베풀어 토지신의 은혜에 보답해야 하거늘, 가족들은 오히려 살생을 하여 잔치를 벌이니 이로써 죄업을 짓고 과보를 받아 어머니와 자식이 편안하지 못합니다.

또한 염부제에서 죽는 사람은 선한 사람이든 악한 사람이든 모두 악도에 빠지지 않도록 애쓰고 있는데 하물며 스스로 선근을 닦은 이의 힘을 도와주는 사람이야 말할 나위가 있겠습니까?

이 염부제에서는 착한 일을 한 사람이 목숨을 마칠 때에도, 백천이나 되는 악독한 귀신들이 부모와 여러 가족으로 둔갑하여 죽은 이를 이끌어 악도에 떨어지게 하거늘, 하물며 본래부터 악업을 지어 온 자는 더 말할 나위도 없습니다.

부처님이시여, 이와 같이 염부제의 남자와 여자들이 목숨을 마칠 때 정신이 혼미하여 선과 악을 분간하지 못하고 눈과 귀로 보고 듣지도 못합니다.

이런 때 그의 가족들은 마땅히 크게 공양을 베풀고 이 경전을 읽고 외우며 부처님과 보살의 명호를 독송해야 합니다. 이와같은 착한 인연을 맺어주면 죽은 이는 모두 악도를 벗어나고, 모든 마군의 무리들은 다 두려워 물러가고 맙니다.

부처님이시여, 일체중생이 죽을 때 만일 한 부처님, 한 보살의 이름, 혹은 대승경전의 한 구절, 한 게송만이라도 듣는다면, 저는 이런 사람들을 살펴서 지옥에 떨어질 살생죄를 지은 사람을 제하고는 모두가 해탈을 얻을 수 있도록 인도하겠습니다."

부처님께서 주명귀왕에게 말씀하셨다.

"그대는 크고 거룩한 자비심으로 그와 같은 서원을 세워 태어나고 죽는 곳에서 모든 중생들을 보살피는구나. 만일 미래세에 어떤 남자나 여자가 나고 죽을 때가 되거든 그대는 그 서원을 저버리지 말고 모두 해탈의 길로 이끌어 영원한 안락을 얻게 하라."

주명귀왕이 부처님께 말씀드렸다.

"바라옵건대 부처님이시여, 염려하지 마시옵소서. 제가 이 몸이 다하도록 염부제 중생들을 옹호하여 중생들이 태어날 때와 죽을 때 모두 안락함을 얻도록 하겠습니다.

다만 모든 중생들이 태어나고 죽을 때 저의 말을 받아들이기를 바랄 뿐입니다. 그리하면 모든 중생들을 해탈의 길로 이끌겠나이다."

그때 부처님께서 지장보살에게 말씀하셨다.

"목숨을 맡은 이 큰 귀왕은 이미 백천 생 동안 큰 귀왕이 되어 나고 죽는 곳에서 중생들을 옹호하고 있지만, 이는 보살이 자비원력으로 큰 귀왕의 모습을 나타낸 것일 뿐 실은

귀왕이 아니니라.

앞으로 수만 겁을 지나면 이 귀왕은 반드시 성불할 것이
니라. 그 이름은 '무상여래'이며 겁의 이름은 '안락'이며, 세
계의 이름은 '정주'이며 그 부처님의 수명은 겁으로도 헤아
리지 못하리라.

지장보살이여, 이 대귀왕의 일이 이렇게 불가사의하고 그
가 제도한 천인과 인간 세상의 사람들도 헤아릴 수가 없나
니라."

제 9장 부처님의 명호

그때 지장보살이 부처님께 여쭈었다.

"부처님이시여, 제가 지금 미래 중생들을 위하여 이익되는 일을 말하고, 나고 죽는 가운데서 큰 이익을 얻게 하고자 하오니 허락해 주옵소서."

부처님께서 말씀하셨다.

"그대가 지금 자비심을 일으켜 6도의 고통을 받는 모든 중생들을 구해내려고 불가사의한 일을 말하고자 하는구나. 지금이 바로 그때이니라. 어서 말하라. 나는 곧 열반하리니 그대의 서원이 모두 이루어지면 나 또한 현재, 미래의 모든 중생들에 대한 근심이 없어지리라."

지장보살이 말했다.

"부처님이시여, 지난 과거 한량없는 아승지겁 이전에 한 부처님이 세상에 나타나시니 이름을 무변신여래라고 하였습니다.

만약 어떤 남자나 여인이 이 부처님의 이름을 듣고 잠깐만이라도 공경하는 마음을 내면 40겁 동안 나고 죽으면서 지은 무거운 죄업을 벗어나게 될 것인데, 하물며 부처님의 형상을 조성하고 그림을 그려서 모시고 공양하며, 찬탄하는 이에 이르리까? 그 사람의 복은 한량없고 끝이 없을 것입니다.

또한 한량없는 오랜 과거세에 한 부처님이 세상에 나타나셨으니 그 이름을 보승여래라고 하였습니다. 만일 어떤 남자나 여인이 그 부처님의 이름을 듣고 손가락 한 번 튕기는 순간이라도 부처님께 귀의하는 마음을 일으킨다면 이 사람은 한량없는 진리의 길에서 물러남이 없게 될 것입니다.

또 과거의 어느 세상에 한 부처님이 세상에 나타나셨으니 그 이름을 파두마승여래라고 하였습니다. 만일 어떤 남자나 여자의 귀에 이 부처님의 이름이 들리기만 해도 이 사람은 천 번을 육욕천(六欲天)[33]에 태어나게 되거늘, 하물며 지극한 마음으로 이 부처님의 명호를 부르고 생각함에 비하겠습니까?

또한 과거 무량아승지겁 전에 한 부처님이 세상에 나타나셨으니 그 이름을 사자후여래라고 하셨습니다. 만일 어떤 남자나 여인이 이 부처님의 이름을 듣고 일념으로 귀의하면 이 사람은 한량없는 여러 부처님을 만나 머리를 쓰다듬는 수기를 받을 것입니다.

또한 과거세에 한 부처님이 세상에 나타나셨으니 그 이름을 구류손불이라고 하였습니다. 만일 어떤 남자나 여인이 그 부처님의 명호를 듣고 지극한 마음으로 우러러 예배하고 찬탄한다면 이 사람은 현겁의 천불회상에서 대범천왕이 되어 으뜸가는 수기를 받을 것입니다.

또한 과거세에 한 부처님이 세상에 나타나셨으니 그 이름을 비바시여래라고 하였습니다. 만일 어떤 남자나 여자가 이 부처님의 이름을 듣기만 하면 영원히 악도에 떨어지지 않고 항상 인간이나 천상에 태어나서 아주 묘한 낙을 받을 것입니다.

또한 과거 항하사겁 이전에 한 부처님이 세상에 나타나셨으니 그 이름을 다보여래라고 하였습니다. 만일 어떤 남자나 여자가 이 부처님의 이름을 듣기만 하면 끝내 악도에 떨어지지 않고 아주 묘한 낙을 받을 것입니다.

또한 과거세에 한 부처님이 세상에 나타나셨으니 그 이름을 보상여래라고 하셨습니다. 만일 어떤 남자나 여자가 이 부처님의 이름을 듣고 공경하는 마음을 일으키면 이 사람은 오래지 않아 아라한과를 얻을 것입니다.

또한 과거 무량아승지겁 전에 한 부처님이 세상에 나타나셨으니 그 이름을 가사당여래라고 하였습니다. 만일 어떤 남자나 여자가 이 부처님의 이름을 들으면 일백 겁 동안 나고 죽는 업에서 벗어나게 됩니다.

또한 과거에 한 부처님이 세상에 나타나셨으니 그 이름을 대통산여래라고 하였습니다. 만일 어떤 남자나 여자가 이 부처님의 이름을 들으면 이 사람은 항하의 모래알 같이 많은 부처님을 만나서 널리 설법하시는 가르침을 듣고 반드시 깨달음의 길을 성취할 것입니다.

또한 과거에 정월불, 산왕불, 지승불, 정명왕불, 지성취불, 무상불, 묘성불, 만월불, 월면불같이 말할 수 없이 많은 부처님이 계셨습니다.

부처님이시여, 현재와 미래의 일체중생이 만일 한 부처님의 명호만 생각하여도 그 공덕이 한량 없거늘, 하물며 여러 부처님의 이름을 생각한 공덕으로 비할 수 있겠습니까? 이 중생들은 태어날 때나 죽을 때 모두 큰 이익을 받아서 마침내 악도에 떨어지지 않을 것입니다.

만일 목숨을 마치는 사람이 있다면, 그 가족 중의 한 사람이라도 이 병든 사람을 위하여 높은 소리로 부처님의 이름을 부르고 생각하는 사람이 있다면, 이 사람은 오무간지옥에 떨어질 큰 죄가 없어지고 그 나머지 업보들도 모두 없어지고 맙니다.

이 오무간죄가 너무 무거워서 억겁을 지나도 벗어나지 못할지라도 목숨이 끊어질 때 다른 사람이 그 죽는 사람을 위하여 부처님의 명호를 부르고 외우면 그 공덕으로 말미암아 무거운 죄도 점점 소멸될 것입니다. 하물며 죽는 사람이 스스로 부처님을 부르고 생각함에야 비할 수 있겠습니까?

이런 사람은 반드시 한량없는 복을 얻고 한량없는 죄가 소멸될 것입니다.

제 10장 보시의 공덕

그때 지장보살이 부처님의 위신력을 입어 자리에서 일어
나 합장하고 부처님께 여쭈었다.

"부처님이시여, 제가 중생들의 보시공덕을 살펴보니 공
덕의 가볍고 무거움에 따라 한 생만 복을 받는 이도 있고 열
생을 복을 받는 이도 있습니다. 또한 수많은 생애에 걸치도
록 큰 복을 받는 이도 있으니 무슨 까닭입니까?

부처님이시여, 저희들을 위하여 말씀해 주옵소서."

부처님께 말씀하셨다.

"내가 지금 일체중생이 모인 도리천궁 법회에서 염부제
중생들의 보시공덕의 가볍고 무거움을 살펴서 말하겠노라.
그대들은 자세히 들으라."

지장보살이 부처님께 여쭈었다.

"저는 그 일이 매우 궁금하옵니다. 기꺼이 듣고자 하옵니
다."

부처님께서 말씀하셨다.

"염부제에 있는 모든 국왕과 재상, 대신, 장자, 왕족, 바라문들이, 만일 가장 가난한 이나 꼽추, 벙어리, 귀머거리, 장님 같은 온갖 불구자들에게 보시하고자 할 때, 자비스러운 마음으로 웃으며 손수 보시하거나 부드러운 말로 위로한다면, 이들이 얻는 복덕은 일백 항하의 모래알 같은 부처님께 보시한 공덕과 같느니라.

왜냐하면 이 사람들은 가장 가난하고 천한 무리와 불구자들이기 때문이니라.

따라서 국왕 대신들에게 그만한 복이 생겨서 수많은 생에 걸쳐서 항상 칠보가 가득하고 옷과 음식이 넘치게 되느니라.

지장보살이여, 또한 만일 미래세에 모든 국왕과 바라문들이 부처님의 탑과 부처님의 형상, 보살, 성문, 벽지불의 형상을 찾아가 힘써 마련한 것을 공양하고 보시하면 이 국왕은 마땅히 3겁 동안 제석천왕이 되어 헤아릴 수 없는 안락을 누릴 것이다.

만일 보시한 공덕을 법계(法界)³⁴⁾에 회향(廻向)³⁵⁾ 하면서 이 국왕과 바라문들이 부처님의 탑사와 부처님의 형상, 보살, 성문, 벽지불의 형상을 만나 몸소 마련한 것으로 공양하고 보시하면 이 국왕들은 마땅히 3겁 동안 제석천왕이 되어 헤아릴 수 없는 안락을 누릴 것이니라.

만일 보시한 공덕을 법계에 회향하면 이 국왕과 바라문은

10겁 동안 항상 대범천왕(大梵天王)이 되느니라.

지장보살이여, 또한 미래세에 모든 국왕과 바라문이 옛 부처님의 탑사와 경전, 불상이 파괴되고 낡아 있음을 보고 발심하여 보수하되 국왕, 바라문들이 스스로 힘써 마련하거나, 다른 이들에게 권하여 보시 인연을 많이 맺어준다면 이 국왕, 바라문 등은 백천 생에 걸쳐서 항상 전륜왕이 될 것이니라.

또한 함께 보시한 사람들은 수많은 생애에 걸쳐서 항상 작은 나라의 국왕이 될 것이니라.

더구나 탑사 앞에 회향할 마음을 일으킨다면 이 국왕을 비롯해 모든 사람들이 함께 불도를 이룰 것이니 이와같은 과보의 공덕은 한량이 없나니라.

지장보살이여, 또한 미래세에 모든 국왕과 바라문들이 모든 늙고 병든 자와 아기 낳는 부녀들을 보고서 한 생각이라도 큰 자비심을 일으켜서 의약, 음식, 방석 등을 보시하여 편안하도록 해주면 이와같은 복덕은 아주 불가사의해서 일백 겁 동안 항상 정거천(淨居天)36)의 임금이 되며 2백 겁 동안 항상 6욕천의 임금이 되리라.

그리하여 마침내는 부처를 이루어서 영원히 악도에 떨어지지 않고 백천의 생애 동안 고통받는 소리가 귀에 들리지도 않으리라.

지장보살이여, 또한 만일 미래세에 국왕과 바라문들이 이와 같은 보시를 행한다면 한량없는 복을 얻고 다시 일체중생에게 회향하면 복이 많고 적음을 떠나서 마침내 부처가 되리니 하물며 제석천왕, 대범천왕, 전륜왕의 복에 비유하리오.

그러므로 지장보살이여, 널리 일체 중생에게 권하여 마땅히 이렇게 배우게 할 지니라.

지장보살이여, 또한 만일 미래세에 선남자, 선여인이 불법 안에서 털끝만큼이라도 작은 선근을 심어도 받게 되는 복은 무엇으로도 비할 수 없나니라.

또한 지장보살이여, 만일 미래세에 어떤 선남자, 선여인이 부처님의 형상이나 보살, 벽지불, 전륜왕의 형상을 만나서 보시하고 공양한다면 한량없는 복을 받으며 항상 인간이나 천상에서 미묘한 안락을 누릴 것이다. 만일 법계에 회향한다면 이 사람의 복덕은 비유할 수도 없나니라.

지장보살이여, 또한 미래 세상에 어떤 선남자, 선여인이 부처님의 탑이나 대승경전을 만나서 새로 조성된 것을 보고 보시공양하며, 만일 오래되어 낡고 무너진 것을 보거든 곧 보수하되 혹 마음을 내어 스스로 하거나 다른 사람에게 권하여 함께 한다면, 이와같은 사람들의 공덕은 30생 중에 항상 작은 나라의 국왕이 되고, 단월(檀越 신도)[37)]로서 보시한 사람은 항상 전륜왕이 되어 거룩한 법으로서 모든 작은 나라의 국왕들을 교화하게 되느니라.

지장보살이여, 또한 만일 선남자, 선여인이 불법 안에서 선근을 심어서 혹 보시 공양하거나, 탑과 절을 보수하거나

혹 경전을 보수하되 터럭 하나, 모래알 하나, 물방울 하나
만큼의 선근일지라도 법계에 회향하면 그 공덕으로 수많은
생애 동안 미묘한 안락을 누릴 것이니라.

하지만 자기 가족이나 자기 이익을 위해서 회향한다면 이
와같은 과보는 3생의 안락에 그칠뿐이니라. 한 가지 착한
인연으로써 만 가지 복덕을 얻게 되느니라.

지장보살이여, 보시로써 얻는 공덕은 이와 같느니라.

제 11 장 땅의 신이 불법을 옹호함

그때 견뢰지신(堅牢地神)이 부처님께 여쭈었다.

"부처님이시여, 저는 예로부터 한량없는 보살마하살을 뵈옵고 예배하였습니다. 모두 불가사의한 큰 신통력과 지혜로 널리 중생을 제도하시지만 이 지장보살마하살은 모든 보살의 서원보다도 깊고 무겁습니다.

부처님이시여, 이 지장보살은 염부제에 큰 인연이 있습니다. 저 문수보살, 보현보살, 관세음보살, 미륵보살도 역시 백천 가지의 몸을 나타내어 6도 중생을 교화하며 서원을 세운 겁의 수가 천백억 항하사와 같아서 다함이 없습니다.

부처님이시여, 제가 살펴보니 미래와 현재의 모든 중생이 자기가 사는 곳이나 남쪽의 깨끗한 곳에 흙, 돌, 대나무 등으로 집을 짓고 그 가운데 지장보살을 그리거나 금, 은, 동, 철로 조성하여 모시고 향을 사루어 공양하고 우러러 예배하고 찬탄하면, 이 사람은 사는 동안 다음과 같은 열 가지 이익을 얻게 될 것입니다.

첫째, 토지에 풍년이 들 것입니다.

둘째, 집안이 편안해질 것입니다.

셋째, 죽은 선조가 천상에 날 것입니다.

넷째, 부모가 오래 살 것입니다.

다섯째, 구하는 바가 뜻대로 될 것입니다.

여섯째, 수재나 화재가 없을 것입니다.

일곱째, 재물이 헛되이 소모되는 것이 없을 것입니다.

여덟째, 악몽을 꾸지 않을 것입니다.

아홉째, 출입할 때 신장(神將)이 보호할 것입니다.

열째, 좋은 인연을 만나게 될 것입니다.

부처님이시여, 미래와 현재의 중생이 만일 자기가 사는 처소에서 공양하면 이와같은 이익을 얻게 되옵니다.”

견뢰지신이 다시 부처님께 여쭈었다.

“부처님이시여, 미래세에 어떤 선남자, 선여인이 자기가 사는 곳에서 이 경전과 보살의 형상을 모시고 경전을 읽고 외우고 공양하면, 제가 언제나 저의 본래의 신력으로서 이 사람을 보호하여 불이나 물, 도둑과 크고 작은 횡액이나 일체 악한 일은 모두 없도록 하겠습니다.”

부처님께서 말씀하셨다.

“견뢰지신이여, 그대의 큰 신력은 다른 신들은 따르기 어렵도다.

왜냐하면 염부제의 토지가 다 그대의 보호를 받으며 초목, 모래, 돌, 곡식, 보배 등의 모든 물건이 다 이 땅에 있으니 모두 그대의 힘을 입기 때문이니라. 더욱이 그대가 지장보살의 공덕을 찬탄하고 있으니 그대의 공덕과 신통은 다른 보통 지신보다도 백천 배가 되느니라.

만일 선남자, 선여인이 지장보살에게 공양하며 이 경을 읽고 외우며, 지장보살본원경(地藏菩薩本願經)을 의지하여 다만 한 가지라도 행한다면, 그대의 힘만으로도 모든 재해에서 보호되고, 또 뜻대로 되지 않는 일은 귀에 들리게조차 하지 않을 것인데, 어찌 하물며 악한 일을 겪게 하겠는가?

단지 그대만이 이 사람들을 보호하는 것이 아니라 제석, 범왕권속, 제석천의 권속들도 모두 그 사람을 옹호하느니라.

이것은 지장보살을 우러러 예배하고 이 지장본원경을 독송한 까닭이며 그로 인해 자연히 고통의 바다를 건너 열반의 평안을 얻게 되므로 큰 보호를 받는 것이니라."

제 12 장 보고 들어서 얻는 이익

　그때 부처님께 머리 위로부터 백천만억의 크고 미세한 광명을 비추어 내셨다.

　그 광명은 이른바 백호상광명, 대백호상광명, 서호상광명, 대서호상광명, 옥호상광명, 대옥호상광명, 자호상광명, 대자호상광명, 청호상광명, 대청호상광명, 홍호상광명, 대홍호상광명, 녹호상광명, 대녹호상광명, 금호상광명, 대금호상광명, 경운호상광명, 대경운호상광명, 천륜호광명, 대천륜호광명, 보륜호광명, 대보륜호광명, 일륜호광명, 대일륜호광명, 월륜호광명, 대월륜호광명, 궁전호광명, 대궁전호광명, 해운호광명, 대해운호광명이었다.

　이와같은 광명을 발하시고 미묘한 음성으로 모든 대중과 천신, 인간, 용, 팔부신중과 인비인(人非人)들에게 말씀하셨다.

　"내가 오늘 이 도리천궁에서 지장보살이 인간과 천상을

이익케 하는 불가사의한 일과 성스러운 지위에 오르는 일과, 십지(十地)의 지위를 증득하게 하는 일과, 아뇩다라삼먁삼보리에서 물러서지 않게 하는 일들을 모두 드높이 찬탄하리라."

이와 같이 말씀하셨을 때 그 자리에 있던 관세음보살(觀世音菩薩)[38]이 자리에서 일어나 무릎을 꿇고 합장하며 부처님께 여쭈었다.

"부처님이시여, 지장보살은 큰 자비심으로 죄업의 고통을 받는 중생을 가엾게 여기시어 천만억 세계에 천만억 몸으로 나타나시며 지니신 공덕과 불가사의한 위신력을 저는 알고 있습니다.

또 부처님께서 시방의 모든 부처님과 더불어 지장보살을 찬탄하심을 들었습니다. 어찌하여 과거, 현재, 미래의 모든 부처님이 한결같이 지장보살의 공덕을 말씀하셔도 오히려 다하지 못하나이까? 또한 앞에서도 부처님께서 대중에게 널리 이르시되 지장보살의 이익에 대한 일을 찬양하시는 말씀을 들었습니다.

부처님이시여, 현재와 미래의 일체중생을 위하여 지장보살의 불가사의한 일을 말씀하셔서 천신, 인간, 용, 팔부신중으로 하여금 예배드리고 복덕을 얻게 하소서."

부처님께서 관세음보살에게 말씀하셨다.

"그대는 사바세계에 큰 인연이 있어서 만약 천신, 인간, 용, 남자, 여자, 귀신, 6도의 죄 지은 모든 중생이 그대의 이름을 듣거나 그대의 형상을 보거나 생각하거나 찬탄한다면, 이 모든 중생들은 다 궁극의 진리에서 물러나지 않고 항상 인간이나 천상에 태어나서 헤아릴 수 없는 많은 낙을 받을 것이다.

또한 인과가 무르익으면 깨달음을 이루리라는 수기(授記)를 부처님으로부터 받게 된다.

그대가 이제 큰 자비심으로써 중생과 천신, 인간, 용, 팔부신중을 불쌍히 여겨, 내가 지장보살의 불가사의한 이익에 대해서 말하는 것을 듣고자 하는구나. 그대는 자세히 들으라. 내가 이제 그대를 위하여 설하리라."

관세음보살이 부처님께 여쭈었다.

"기꺼이 듣고자 하옵니다."

부처님께서 말씀하셨다.

"미래 현재의 모든 세계에서 천상의 사람이 누리던 복이 다하여 다섯 가지 쇠퇴하는 모습[五衰相]³⁹⁾이 나타나고 혹은 악도에 떨어지게 되었더라도, 천상의 사람이 남자나 여자나 지장보살의 형상을 듣고 우러러 예배하면 이들에게 천 가지 복이 더해져서 큰 기쁨과 즐거움을 받고 영원히 삼악도의 과보를 받지 않는다.

하물며 지장보살을 보거나 듣거나 향, 꽃, 의복, 음식, 보배, 영락 등으로 보시공양한다면 이로써 얻는 공덕이 한량 없으리라.

관세음보살이여, 또한 만일 미래나 현재의 모든 세계의 6

도 중생들이 목숨을 마치려 할 때, 지장보살의 이름을 들려주어 그 한 소리만 귀에 들어가게 하여도, 이 중생들은 영원히 삼악도에 들어가지 않느니라.

하물며 임종할 때 부모나 친척들이 그 사람의 집이나 재물, 보배, 의복 등을 가지고 지장보살의 형상을 조성하거나 그리며, 혹 병든 사람이 죽기 전에 눈으로 보고 듣게 한다면 이 사람의 병은 곧 낫고 오래 살 것이니라.

또 가족이 그의 집과 재산을 가지고 병자를 위해 지장보살의 형상을 조성한 것을 알려서 병자가 직접 눈으로 보고 듣게 하면 이 사람은 지은 업보로 중병을 앓을지라도 마땅히 공덕을 입어서 곧 병이 낫게 되고 오래 살 것이니라.

이 사람이 만일 지은 업보로 말미암아 마땅히 악도에 떨어지게 될지라도 그 공덕을 입어서 죽은 뒤에 곧 인간이나 천상에 태어나서 헤아릴 수 없는 많은 즐거움을 받고 모든 죄업은 소멸되리라.

관세음보살이여, 또한 만일 미래세에 어떤 남자나 여인이 젖먹이 때나, 두 살, 세 살, 다섯 살, 열 살도 채 되기 전에 부모가 죽었거나 형제자매를 잃고서 나이가 든 뒤 부모와 가족들을 생각하고 그리워한다면, 지장보살의 형상을 조성하고 그림으로 그려서 모시고 지장보살의 명호를 부르며 우러러 예배하라.

한 번 절할 때부터 칠 일이 되도록 처음 일으킨 마음을 흐트리지 않고 계속해서 예배하고 공양한다면, 이 사람의 가족이 설사 죄업으로 인하여 악도에 떨어져서 여러 겁을 보내고 있을지라도, 지장보살의 형상을 그리고 조성하여 예배하고 공양한 공덕으로 곧 해탈하게 되느니라.

또한 인간이나 천상에 태어나서 헤아릴 수 없는 많은 즐거움을 누릴 것이다.

죽은 사람이 만약 복력이 있어서 이미 인간이나 천상에 나서 즐거움을 누리고 있다면 곧 그 공덕으로 점점 좋은 인연을 더하여 한량없는 안락을 누리게 되리라.

또한 이 사람이 21일 동안 한마음으로 지장보살의 형상에 예배하며 그 명호를 만 번 염송하면 지장보살이 몸을 나타내어 그 가족들이 태어난 세계를 가르쳐 줄 것이니라. 혹은 꿈 속에서 보살이 친히 이 사람과 함께 가족들이 태어난 곳에 데려가 보여주느니라.

또한 날마다 보살의 명호를 천 번씩 염송하여 천 일이 되면 그가 사는 곳의 토지신을 시켜 몸이 다하도록 보호하게 하느니라. 그에게는 먹고 입는 것이 풍족할 것이고 모든 병고가 없을 것이며 어떤 횡액도 그 집 문 안에 들지 못하게 되거늘 하물며 몸에 미치게 하겠는가?

이 사람은 마침내 보살이 머리를 쓰다듬어 주는 수기(授記)를 받으리라.

관세음보살이여, 또한 미래세의 어떤 선남자, 선여인이 넓고 큰 자비심을 발하여 일체중생을 구제하거나 위 없는 깨달음을 닦고자 하거나 삼계(三界)⁴⁰⁾에서 벗어나고자 한다면, 모두 지장보살의 형상을 보거나 명호를 듣고 지극한 마음으로 예배할지니라. 의복, 음식, 보물로 공양하고 지극한 마음으로 예배하면 원하는 일이 속히 이루어지고 영원히 장애가 없어지게 되느니라.

관세음보살이여, 또한 미래세의 어떤 선남자, 선여인이 현재와 미래에 백천만억의 소원과 백천만억의 일을 이루고자 한다면 오직 지장보살에게 귀의하고 공양 찬탄하라. 모든 소원과 구하는 일이 성취되리라.

또한 큰 자비로써 영원히 나를 지켜주기를 원한다면 이 사람은 꿈 속에서 보살이 머리를 만져주는 수기를 받게 되리라.

관세음보살이여, 또한 미래세의 어떤 선남자, 선여인이 대승경전을 깊이 존중하여 부사의한 마음을 내어서 읽고 외우거나, 비록 밝은 스승을 만나서 가르침을 받아 익혀서 외웠다가 금방 잊고, 그리고 긴 세월이 지나도록 잘 읽고 외우지 못하는 것은 모두가 전생의 업장을 소멸하지 못한 까닭이니라.

따라서 이 사람은 대승경전을 읽고 외울 성품이 없는 것이니 이와같은 사람은 지장보살의 명호를 듣고 형상을 보고 지극한 마음으로 공손히 그 사실을 고백해야 하느니라.

또한 향, 꽃, 의복, 음식으로 보살을 공양하고 깨끗한 정화수 한 그릇을 하루 낮 하루 밤 동안 보살 앞에 올렸다가 그 물을 마셔야 하느니라.

물을 마실 때에는 남쪽으로 머리를 향하고 지극한 마음으로 마셔야 하느니라. 물을 마시고 나서 오신채(五辛菜)[41], 술, 고기, 음행, 거짓말, 살생을 7일 혹은 21일 동안 삼가면 이 선남자, 선여인들은 꿈에 지장보살이 원만한 모습을 나타내어 정수리에 물을 뿌려주는 것을 보게 되느니라.

그 사람이 꿈을 깨면 곧 총명을 얻어서 경전을 한 번이라도 들으면 곧 기억하여 다시는 한 글귀, 한 게송이라도 잊지 않게 되느니라.

관세음보살이여, 또한 미래세의 어떤 사람들이 옷과 먹을 것이 넉넉지 못하여 구해도 뜻대로 얻을 수 없으며, 혹은 질병이 많거나 흉한 일이 많고 집안이 평화롭지 못하고 가족이 흩어지며 혹은 모든 횡액이 닥쳐서 몸을 괴롭히고 꿈 속에서 자주 놀라고 두려운 일이 많아도, 지장보살의 이름을 듣거나 형상을 보고 지극한 마음으로 공경하고 만 번을 부르면, 여의치 않는 모든 일이 점점 없어지고 안락을 얻게 되며 옷과 먹을 것이 풍족하고 꿈에서도 편안하게 되리라.

관세음보살이여, 또한 미래세에 어떤 선남자, 선여인이 생활에 필요하거나 자신을 위해서나 대중을 위해서, 혹은 태어나고 죽는 일 때문에, 혹은 급한 일로, 혹은 산이나 숲 속에 들어가거나, 강이나 바다를 건너거나, 혹은 험한 길을 지나게 될 때, 한 사람이 먼저 지장보살의 명호를 만 번 생각하면, 그가 지나는 곳의 토지신이 보호해서 가고 서고 앉고 눕는데 언제나 평안할 것이니라.

호랑이, 사자와 같은 모든 맹수들을 만날지라도 능히 해치지 못하리라."

부처님께서 관세음보살에게 말씀하셨다.

"지장보살은 염부제와 큰 인연이 있으니 만약 모든 중생이 보고 들어서 얻는 이익을 말하자면 백천 겁이 지나도 다 말하지 못하리라.

그러므로 관세음보살이여, 그대는 신력으로써 이 경전을 유포하여 사바세계의 중생들로 하여금 백천만 겁토록 영원한 안락을 누리게 할지니라."

이때 부처님께서 게송으로 말씀하셨다.

내가 이제 지장보살 위신력을 관하나니
항하사겁 말하여도 다 말하기 어렵도다
보고 듣고 우러르고 예배하기 일념간에
하늘과 땅 이익하기 헤아릴 길 없나니라

혹은 남자 혹은 여자 혹은 어떤 용과 신이
삼악도에 떨어지게 되더라도 지심으로
지장보살 거룩한 분 귀의하면 수명늘고
모든 죄업 남김없이 없어지네

어떤 사람 어릴 때에 양친부모 다 잃고서
부모님이 태어난 곳 어디인지 알길 없고

형제자매 여러 가족 풍지박산 흩어져서
태어나고 성장해온 그 사연을 다모를 때

지장보살 그 형상을 만들거나 그림 그려
삼칠일 중 예배하고 잠시 동안 쉬지 않고
삼칠일 중 끊임없이 지장보살 부른다면
지장보살 가없는 몸 그들 앞에 나타나서

그의 가족 태어난 곳 고루고루 보여주며
악도 중에 떨어져도 모두 모두 건져내니
만약 능히 처음 마음 물러서지 않는다면
어김없이 머리 만져 마정수기 받게 되리

어떤 사람 만약 능히 깨달음을 구하거나
삼계 속의 고통바다 벗어나려 하올진대
이 사람은 모름지기 제자비심 발하고서
지장보살 거룩한 몸 우선 먼저 예배하면

여러가지 일체 소원 하루 빨리 성취되며
그 앞길을 가로막는 모든 업장 사라지리
어떤 사람 마음 내어 이 경전을 염하면서
여러 중생 제도하여 저 언덕에 가보고자

비록 능히 부사의한 원력 세워 읽고 읽고
또 읽어도 모두 모두 잊게 되면 이 사람은
지난 동안 지은 업장 장애되어 거룩하온
대승경전 능히 외지 못함이니

향과 꽃과 옷과 음식 여러가지 모두 갖춰
지극정성 기울여서 지장보살 공양하고
깨끗한 물 한 그릇을 지장보살 앞에 올려
하루 한 밤 지난 뒤에 이 청정수 마실 때에

지극한 맘 발하고서 오신채를 먹지 않고
술과 고기 삿된 음행 거짓말도 삼가하며
살생 또한 하지 않고 삼칠일을 지내면서
지장보살 그 이름을 지심으로 부른다면

꿈속에서 대보살의 거룩하신 모습 보고
깨고 나면 총명이근 빠짐없이 갖추어져
이 경전의 가르침이 귓전에만 지나가도
천만생이 지나가도 길이길이 안 잊으니

이 모두는 부사의한 지장보살 위신력이
이 사람을 능히 시켜 큰 지혜를 얻게 하네

지장경

어떤 사람 빈궁하고 병도 많아 집안 운세
기울어져 가족들이 흩어지며 꿈 속에도
어느 때나 편안하지 아니하고 구하는 일
어그러져 뜻하는 일 못이룰 때

지장보살 존상 앞에 지성 다해 예배하면
세간살이 그 속에서 모든 불행 다 없애며
깨었을 때 꿈속에도 어느 때나 편안하고
의식 모두 풍족하고 착한 신이 호위하리

산과 바다 지날 때에 독기 품은 금수들과
악한 사람 악한 신들 악풍들이 여러가지
재난 주어 온갖 고통 닥쳐올 때 거룩하신
지장보살 존상 앞에 이르러서

일심으로 예배하고 정성 다해 공양하면
산 속이나 바다 속에 우글대던 여러가지
모든 재난 소멸하네

관음보살 그대 또한 나의 말씀 잘 들으라
지장보살 위신력은 끝이 없고 부사의하니
이와같은 보살의 힘 만약 널리 설하려면
백천만 겁 지나도록 못다하네

제12장 · 보고 들어서 얻는 이익

지장보살 그 이름을 어떤 사람 혹 듣거나
거룩하신 형상 앞에 지성 다해 예배커나
향과 꽃과 의복음식 두루 갖춰 공양하면
백천 가지 미묘한 낙 어김없이 받게 되리

만약 능히 이 공덕을 온 법계에 회향하면
필경에는 부처 이뤄 생사윤회 벗어나리
그러므로 관음이여 빠짐없이 이 법 알아
항하사의 모든 국토 널리 알려 줄지니라

제 13 장 신과 인간에게 부촉

그때 부처님께서 금빛 팔을 다시 들어 지장보살의 이마를 어루만지시며 말씀하셨다.

"지장보살이여, 그대의 위신력은 불가사의하도다. 그대의 자비, 그대의 지혜, 그대의 변재는 불가사의하도다. 시방의 모든 부처님께서 그대의 불가사의함을 천만 겁 동안 찬탄하여도 다하지 못하리라.

지장보살이여, 내가 오늘 이 도리천에서 백천억의 말로도 다 말할 수 없는 모든 부처님, 보살, 천신과 인간과 용, 팔부신중이 모인 자리에서 그대에게 다시 부촉하노라.

그대는 불타는 집과 같은 삼계의 나고 죽음에서 아직 벗어나지 못한 중생들이 하루라도 악도에 빠지지 않도록 하라. 오무간이나 아비지옥에 떨어져서 천만겁이 지나도록 벗어날 기약이 없도록 하지 말라.

지장보살이여, 이 남염부제 중생들은 뜻과 성품이 정한

바가 없으니 악한 업을 짓는 이가 많고 비록 착한 마음을 내었다고 할지라도 잠깐 사이에 곧 퇴보하며, 만약 악한 인연을 만나면 생각생각마다 악업을 더하게 되느니라.

그러므로 내가 분신을 나투어서 교화하고 제도하되 그 근성을 따라서 해탈의 길로 인도하느니라.

지장보살이여, 내가 지금 그대에게 간곡히 하늘과 인간의 중생들을 부탁하느니라.

만약 미래세의 어떤 하늘과 어떤 선남자, 선여인이 불법 안에서 털끝 하나, 모래알 하나, 한 방울의 물보다 작은 선근을 심더라도 그대는 도력으로 이 사람을 보호하여 점점 위없는 궁극의 진리를 닦아 물러서지 않게 할지니라.

지장보살이여, 또한 미래세에 천인이나 사바의 중생들이 죄업대로 악도에 떨어지게 된다면 악도에 떨어질 때에나, 혹은 지옥의 문 앞에 이르러서도 이 중생들이 한 부처님과 한 보살의 이름, 대승경전의 한 구절, 한 게송만 생각하더라도, 그대는 위신력과 방편으로써 구제할지니라. 가없는 몸을 나타내어 지옥을 부수고 천상에 태어나게 하여 미묘한 낙을 누리도록 할지니라."

부처님께서 게송으로 말씀하셨다.

현재와 미래의 모든 중생들을
내 이제 그대에게 부촉하나니
대신통과 방편으로 제도하여서

악도에 떨어지지 않도록 할지니라

그때 지장보살이 무릎을 꿇고 합장하여 부처님께 여쭈었다.

"부처님이시여, 바라옵건대 염려하지 마옵소서.

미래세의 선남자, 선여인이 불법 안에서 한 생각이라도 공경스러운 마음을 내면, 제가 온갖 방편으로 그들을 제도하여 나고 죽는 윤회에서 한시바삐 벗어나게 하겠습니다. 하물며 모든 착한 일들을 듣고 생각생각 닦아 행하는 사람이야말로 말할 나위가 있겠습니까? 이 사람은 자연히 위없는 궁극의 진리를 닦아 물러서지 않을 것입니다."

그때 자리에 있던 허공장보살(虛空藏菩薩)[42]이 부처님께 여쭈었다.

"부처님이시여, 제가 도리천에서 부처님께 지장보살의 위신력이 불가사의하다고 찬탄하심을 들었습니다. 미래세에 선남자, 선여인과 모든 천신과 인간, 용들이 이 경전과 지장보살의 명호를 듣거나 형상을 우러러 예배한다면 무슨 이익을 얻게 되옵니까?

바라옵건대 부처님이시여, 미래와 현재의 중생들을 위하여 간략히 말씀해 주시옵소서."

부처님께서 말씀하셨다.

"자세히 들으라. 내가 마땅히 그대를 위하여 분별해 설하리라.

제13장 · 신과 인간에게 부촉함
165

만약 미래세에 선남자, 선여인이 지장보살의 형상을 보거나 이 경전을 보거나 이 경전을 읽고 외우며 향, 꽃, 의복, 음식, 보배로써 공양하고 찬탄예배하면 스물 여덟 가지 이익을 얻게 되느니라.

첫째, 천인과 용이 지킴이요

둘째, 좋은 과보가 날로 더함이요

셋째, 착한 인연을 만남이요

넷째, 보리심(菩提心)[43]에서 물러나지 않음이요

다섯째, 옷과 먹을 것이 풍족함이요

여섯째, 질병이 닥치지 않음이요

일곱째, 수재와 화재를 만나지 않음이요

여덟째, 도적의 액난이 없을 것이요

아홉째, 모든 사람이 보고 흠모하고 존경함이요

열째, 귀신이 도울 것이요

열한째, 여자가 남자 몸으로 태어날 것이요

열두째, 여자라면 국왕이나 대신의 딸이 될 것이요

열셋째, 모양이 단정할 것이요

열넷째, 천상에 많이 태어날 것이요

열다섯째, 제왕이 될 것이요

열여섯째, 숙명통(宿命通)을 얻을 것이요

열일곱째, 구하는 바를 뜻대로 이룰 것이요

열여덟째, 가족들이 화목할 것이요

열아홉째, 모든 횡액이 소멸할 것이요

스무째, 업의 길이 영원히 없어질 것이요

스물한째, 가는 곳마다 통달할 것이요

스물두째, 꿈이 편안할 것이요

스물셋째, 선망부모가 괴로움에서 벗어날 것이요

스물넷째, 이미 지은 복을 타고 날 것이요

스물다섯째, 모든 성현이 찬탄할 것이요

스물여섯째, 총명하고 근기가 수승할 것이요

스물일곱째, 자비심이 충만할 것이요

스물여덟째, 마침내 성불하는 것이니라.

허공장보살이여, 또한 현재와 미래의 천인과 용, 팔부신중이 지장보살의 이름을 듣거나 그 형상에 예배하거나 혹은 지장보살의 본원(本願)에 관한 법문을 듣고 수행하며 찬탄하고 예배하면 일곱 가지 이익을 얻게 되느니라.

첫째, 속히 성스러운 지위에 오름이요

둘째, 악업이 소멸됨이요

셋째, 모든 부처님이 곁에서 옹호하여 주심이요

넷째, 깨달음의 길에서 물러나지 않음이요

다섯째, 본원력이 더욱 커짐이요

여섯째, 숙명통을 얻음이요

일곱째, 필경에 부처를 이루는 것이니라.

이때 시방세계에서 모인 모든 부처님과 천인, 용, 팔부신중들이 석가모니 부처님께서 지상보살의 불가사의한 위신력을 찬탄하시는 설법을 듣고 일찍이 없었던 일이라고 찬탄하였다.

도리천에는 한량없는 향, 꽃, 의복, 영락, 보배구슬이 비 오듯 내려 석가모니 부처님을 공양하였으며 법회에 모인 대중들은 다시 우러러 예배하고 합장하며 물러갔다.

역주와 해설

범망경 역주

1) 노사나불(盧舍那佛): 범어 Vairocana의 음사로 비로사나불(毘盧舍那佛)이라고 한다. 노사나불은 무량겁 동안 수행한 끝에 깨달음을 얻었다. 연화장장엄세계해(蓮華藏莊嚴世界海)에 머물며 모공(毛孔)마다에서 화신(化身)을 나투어 시방에 광명을 발하고 무량한 가르침을 베풀어 일체중생을 제도한다고 한다. 이《범망경》에서의 노사나불은 백 아승지겁 동안 심지(心地)를 수행하여 깨달음을 열고 연화대장세계(蓮華臺藏世界)에 머물며 천엽백억(千葉百億)의 크고 작은 석가모니 부처님으로 나타나 보살의 심지법문을 설한다.

2) 심지(心地): 마음의 특성을 대지에 비유하는 표현. 대지가 모든 생명을 자라게 하는 것처럼 마음은 모든 공덕을 갈무리하고 있다는 뜻. 심지관경(心地觀經) 관심품(觀心品)에서는 "삼계는 오직 마음으로 말미암은 것이니 이름하여 대지라고 한다(三界唯心 心名爲地)"라고 설하고 있다.

3) 제석궁(帝釋宮): 제석은 도리천의 왕으로서 사천왕과 삼십이천을 통솔하며 불법과 불법에 귀의한 사람을 보호한다고 한다. 즉 궁은 도리천궁이다.

4) 십주(十住): 보살의 수행계위로서《화엄경》에서 설하는 41위 가운데 최초의 십위. 발심주(發心住), 치지주(治地住), 수행주(修行住), 생귀주(生貴住), 방편주(方便住), 정심주(正心住), 불퇴주(不退住), 동진주(童眞住), 법왕자주(法王子住), 주관정주(住灌頂住).

5) 십행(十行): 보살의 수행계위. 41위 가운데 두 번째의 십위. 환희행(歡喜行)에서 진실행(眞實行)까지의 십행.

6) 십회향(十回向): 보살의 수행계위. 41위 가운데 세 번째의 십위. 구호일체중생이상회향(救護一切衆生離相廻向)부터 법계무량회향(法界無

量廻向)까지.

7) 화락천(化樂天) : 6욕천(六欲天) 중의 제5천. 모든 것이 자연히 즐거움
으로 변화하는 하늘. 《구사론》 권 11, 《대지도론》 권 9, 《인왕경》 권
上에서 설해지고 있다.

8) 십선정(十禪定) : 신라 승장(勝莊)의 《梵網經菩薩戒本述記》에 의하면
십지(十地)를 닦아 얻은 것을 선정이라고 한다.

9) 타화천(他化天) : 6욕천(六欲天) 중의 제6천. 타화자재천(他化自在天)
이라고 한다.

10) 십지(十地) : 보살의 수행계위. ① 환희지(歡喜地) ② 이구지(離垢地)
③ 발광지(發光地) ④ 염혜지(焰慧地) ⑤ 난승지(難勝地) ⑥ 현전지(現
前地) ⑦ 원행지(願行地) ⑧ 부동지(不動地) ⑨ 선혜지(善慧地) ⑩ 법
운지(法雲地).

11) 십금강(十金剛) : 보살이 대승을 장엄하기 위해 발하는 열 가지 견고한
마음. 예를 들어 삼세 일체의 법을 남김없이 깨닫고자 발하는 마음을
제1금강심이라고 한다.

12) 마혜수라천왕궁(摩醯首羅天王宮) : 마혜수는 범어 Maheśvara의 역어.
대자재천이라고 옮기며 색계의 가장 높은 곳인 정정거천(頂淨居天)에
머문다고 한다. 즉 마혜수라가 머무는 정정거천.

13) 남염부제(南閻浮提) : 범어 Jambudvīpa의 역어. 남섬부주(南贍部州)라
고도 한다. 옛 인도의 우주관에서는 이 세계가 수미산을 중심으로 형
성되어 있으며 이 산의 주변에는 구산(九山)과 팔해(八海)가 있고 그
일곱 번째 산의 주위에는 바다로 둘러싸인 네 개의 섬이 있다고 한다.
이 네 개의 섬을 사대주(四大州)라고 한다. 동쪽에는 동승신주(東勝神
州), 서쪽에는 서우화주(西牛貨州), 북구노주(北俱盧州), 남쪽에는 남
섬부주(南贍部州)가 있다. 이 가운데 남섬부주가 지금 우리가 살고 있
는 사바세계라고 한다.

14) 가이라국(迦夷羅國) : 범어 Kapilavastu의 생략형 음사. 석존의 출생지.

15) 망라당(網羅幢) : 보배구슬로 짜여진 그물. 대승경전에서 법계의 장엄
을 표현하는 용어. 구슬과 구슬이 서로 빛을 발하여 마치 거대한 샹들
리에처럼 우주를 장엄한다고 함.

16) 사바세계(娑婆世界) : 사바는 Sahā의 음사. 이 세계는 온갖 괴로움이 많으므로 참아야 하는 곳이라는 의미에서 인토(忍土)라고 하며 우리가 살고 있는 이 세계를 사바세계라고 한다.

17) 십바라제목차(十波羅提木叉) : 바라제목차는 범어 Prātimoksa의 음사. 별해탈(別解脫), 계본(戒本)이라고 옮긴다. 해탈에 도달하는 열 가지 근본계.

18) 십중사십팔경계(十重四十八輕戒) : 열 가지 근본계와 마흔 여덟 가지 부수적인 계. 범망경의 중심 주제.

19) 육욕천자(六欲天子) : 욕계 6천. 즉 사천왕천(四天王天), 삼십삼천(三十三天), 야마천(夜摩天), 도솔천(兜率天), 낙변화천(樂變化天), 타화자재천(他化自在天).

20) 십육대국왕(十六大國王) : 경전에 따라 차이가 있으나,《인왕경》수기품에서는 교살라국, 사위국, 마갈제국, 바라내국, 가위라국, 구시나국 등 석존 당시의 인도의 주요 16개국을 열거하고 있다.

21) 반월반월(半月半月) : 음력 한 달을 전후 15일로 나누어 전반을 백월(白月), 후반을 흑월(黑月)이라고 하며 백월과 흑월이 끝나는 15일과 30일, 즉 만월(滿月)과 신월(新月)의 첫째날에 계법을 독송하는 포살(布薩)을 행하는데, 반월반월은 음력 15일을 말한다.

22) 십발취(十發趣) : 보살의 수행계위. 십주(十住)와 같다. 발심주(發心住), 치지주(治地住), 수행주(修行住), 생귀주(生貴住), 방편주(方便住), 정심주(正心住), 불퇴주(不退住), 동진주(童眞住), 법왕자주(法王子住), 주관정주(住灌頂住).

23) 십장양(十長養) : 보살의 수행계위. 십행과 같다. 환희행(歡喜行)에서 진실행(眞實行)까지의 십행.

24) 십금강(十金剛) : 보살의 수행계위. 십회향과 같다. 즉 구호일체중생이상회향(救護一切衆生離相廻向)부터 법계무량회향(法界無量廻向)까지.

25) 황문(黃門) : 범어 Paṇḍaka의 역어. 내시(內侍)를 가리키는 말로서 성불구자. 출가하여 비구가 될 수 없다.

26) 팔부귀신(八部鬼神) : 불법을 수호하는 여덟 부류의 무리. 천(天), 용(龍), 야차(夜叉), 건달바(乾闥婆), 가루라(迦樓羅), 아수라(阿修羅), 마

후라가(摩睺羅迦), 긴나라(緊那羅).

27) 살인(殺因)~살업(殺業) : 산 목숨을 해치는 네 가지 형태의 내면, 외면
적 조건. 살인(殺因)은 살해하려는 의지, 살연(殺緣)은 의지에 부수되
는 보조적 조건, 살법(殺法)은 칼과 약 등과 같이 살해에 사용되는 여
러 가지 방법, 살업(殺業)은 살해에 따르는 신구의(身口意) 삼업(三業)
을 의미한다. 이후 계속되는 십중계의 설법에서 이 네 가지 조건은 그
계의 조목만 바뀔 뿐 적용은 같다.

28) 바라이죄(波羅夷罪) : 범어 Pārājika의 음사. 타승처(他勝處), 단두(斷
頭)라고 옮긴다. 이 죄를 근본죄라고 하며 비구(比丘), 비구니(比丘尼)
가 이 죄를 범하면 스님의 자격을 상실하고 교단에서 추방된다. 또한
지금까지의 수행의 결과를 상실하고 아비지옥에 떨어진다고 한다.

29) 비도(非道) : 성기 이외의 기관.

30) 이승악인(二乘惡人) : 이승은 성문(聲聞)과 연각(緣覺). 소승의 수행자
를 말한다.

31) 상좌(上座) : 승단의 수석 스님.

32) 화상(和尙) : 범어 Upādhyāya의 역어. 친교사(親敎師)라고 옮긴다.

33) 아사리(阿闍梨) : 범어 Ācārya의 음사. 궤범사(軌範師)라고 옮긴다. 궤
칙을 고수하고 바른 행위를 후학들에게 가르치는 스님.

34) 칠보(七寶) : 일곱 가지 보물. 금, 은, 유리, 수정, 자거, 산호, 마노(瑪
瑙).

35) 허물 : 음주에 따르는 여러 가지 과실. 《사분율》권 10에서는 열 가지
과실을 지적하고 있다. ① 안색이 나빠지며 ② 힘이 줄어들며 ③ 눈이
나빠지며 ④ 화를 자주 내게 되며 ⑤ 질병이 늘어나며 ⑥ 살림살이를
낭비하게 되며 ⑦ 싸움이 늘어나고 ⑧ 나쁜 소문이 생기며 ⑨ 지혜가
감소되며 ⑩ 죽은 후에 삼악도에 떨어지게 된다고 한다.

36) 오신채(五辛菜) : 자극성이 강해 음식에 넣어 먹으면 음심을 일으키고
자주 화를 내게 하여 수행에 방해가 된다는 식물. 마늘, 부추, 파, 달래,
흥거.

37) 팔계(八戒) : 재가 5계를 수지하는 신자가 매년 삼장재월(三長齊月 : 정
월, 5월, 9월)의 6재일(六齊日 : 8일, 14일, 15일, 24일, 29일, 30일)에 지

켜야 하는 여덟 가지 계율. ① 불살생계(不殺生戒) ② 불투도계(不偸盜戒) ③ 불사음계(不邪淫戒) ④ 불망어계(不妄語戒) ⑤ 불음주계(不飮酒戒) ⑥ 불비시식계(不非時食戒) ⑦ 이가무관청향유도신계(離歌舞觀聽香油塗身戒) ⑧ 이고광대상재(離高廣大床戒).

38) 오계(五戒) : 재가신자가 기본적으로 수지해야 하는 다섯 가지 근본계율. ① 불살생계(不殺生戒) ② 불투도계(不偸盜戒) ③ 불사음계(不邪淫戒) ④ 불망어계(不妄語戒) ⑤ 불음주계(不飮酒戒).

38) 십계(十戒) : 20세 미만의 출가수행자 즉 사미, 사미니가 지켜야 할 열 가지 계율.

① 불살생계(不殺生戒) : 살아 있는 생명을 해치지 말라.

② 불투도계(不偸盜戒) : 주지 않는 것을 훔치지 말라.

③ 불음행계(不淫行戒) : 음란한 행위를 하지 말라.

④ 불망어계(不妄語戒) : 거짓을 말하지 말라.

⑤ 불음주계(不飮酒戒) : 술을 마시지 말라.

⑥ 불착향화만부향도신(不着香華鬘不香塗身) : 꽃다발을 쓰거나 향유를 바르지 말라.

⑦ 불가무창기불왕관청(不歌舞娼伎不往觀聽) : 노래하고 춤추고, 풍류에 빠지지 말며 가서 구경하지도 말라.

⑧ 부좌고광대상계(不坐高廣大床戒) : 높고 큰 좌석에 앉지 말라.

⑨ 불비시식계(不非時食戒) : 때 아닌 때 먹지 말라.

⑩ 불촉지생상금은보물(不促持生像金銀寶物) : 본 빛인 금, 은, 보물을 갖지 말라.

40) 칠역(七逆) : 부처님 몸에 피를 내게 한 자(出佛身血), 아버지를 죽인 자(殺父), 어머니를 죽인 자(殺母), 승단의 화합을 깨뜨린 자(破和合僧), 경이나 불상을 태운 자(焚燒經等像), 화상을 죽인 자(殺和尙), 아사리를 죽인 자(殺阿闍梨). 이와같은 죄를 범하면 현생의 몸으로 계를 받을 수 없으며 목숨이 다하면 아비지옥에 떨어진다고 한다.

41) 팔난(八難) : 불법을 만날 수 없는 여덟 가지 어려움. 즉 지옥(地獄), 아귀(餓鬼), 축생(畜生), 장수천(長壽天), 변지(邊地), 맹롱음아(盲聾瘖瘂), 세지변총(世智辯聰), 불전불후(佛前佛後).

42 포살 布薩 : 범어 Poṣadha, upoṣadha의 음사. 공주 共住 , 설계 說戒 라고 옮긴다. 같은 지역안에 거주하는 비구들이 한 곳에 모여 계본을 외우고 그 계율을 위반하였을 때는 죄를 고백하고 참회하는 행사. 한 달에 두 번, 매월 15일과 30일에 행한다.

43) 성읍(城邑) : 성은 국왕이 사는 곳, 읍은 인민, 관리가 사는 곳.

44) 비니(毘尼) : 범어 Vinaya의 음사. 조복(調伏)이라고 옮겨지며 율(律)을 의미한다. 즉 수도에 필요한 학처(學處)로서 배우고 지켜야 할 규범, 율의(律儀)이다.

45) 팔복전(八福田) : 복을 낳는 여덟 가지 근원. 복전은 범어 puṇya-kṣetra 의 역어. 복덕을 낳는 밭이라는 뜻이다. 부처님이나 승가와 같은 존경 의 대상은 경전(敬田), 스승과 부모와 같이 은혜를 갚지 않으면 안되는 존재를 은전(恩田), 병자, 빈자와 같이 자비와 구제가 필요한 대상을 비전(悲田)이라고 한다. 이 모두를 합하여 팔복전이라고 한다. 즉 불법 승(佛法僧), 삼보(三寶)와 부모, 사승, 빈궁인, 병인, 축생.

46) 십이부경(十二部經) : 석존의 가르침을 그 내용과 형식에 따라서 12가 지로 분류한 것. ① 계경(契經, Sūtra) ② 응송(應頌 또는 重頌, geya) ③ 기별[授記, vyākaraana] ④ 풍송[偈, gātha] ⑤ 자설(自說, udāna) ⑥ 인연(因緣, nidāna) ⑦ 비유(譬喩, avadāna) ⑧ 본사(本事, itivṛttak- a) ⑨ 본생(本生, Jātaka) ⑩ 방광(方廣, 大乘經, vaipulya) ⑪ 미중유법 (未曾有法, 不可思議, addhutadharma) ⑫ 논의(論議, upadeśā).

47) 자서수계(自誓受戒) : 천리 이내에 계를 줄 수계사가 없을 경우 불보살 의 형상 앞에서 기도하고 감응을 얻으면 수계가 인정되는 것. 예를 들 어 향이나 촛불이 저절로 불 붙는 등의 신기한 일이 있을 경우 수계가 인정된다. 우리나라에서는 조선말의 대은낭오(大隱朗旿, 1780~1841) 율사가 지리산 칠불암에서 기도하여 향에 저절로 불이 붙는 상서로운 모습을 보고 자서수계하였다고 한다.

48) 아비담잡론(阿毘曇雜論) : 아비담은 범어 abhidharma의 음역. 진리에 대한 연구를 의미한다. 주로 소승불교에서 행해진 불법에 대한 분석적 연구였으나 후기에는 사변적이며 형이상학적인 논의로 그치게 되었 다. 대승불교에서는 소승불교의 지나친 사변적 연구와 독선적인 엘리

트주의를 비판하고 있다. 따라서 대승불교는 소승불교를 비판하면서
일어난 새로운 불교이니 만큼 아비달마불교의 현학성을 철저히 비판
하고 있다.

49) 단월(壇越): 범어 dānapati의 역어. 보시를 행하는 사람. 신도 또는 시
주(施主)를 말한다.

50) 칠불(七佛): 석가모니불(釋迦牟尼佛) 이전에 출현한 과거의 일곱 부처
님. ① 비파시불(毘婆尸佛, Vipaśyin) ② 시기불(尸棄佛, Śikhin) ③ 비
사부불(毘舍浮佛, Viśvabhū) ④ 구류손불(拘留孫佛, Krakucchanda)
⑤ 구나함모니불(拘那含牟尼佛, Kanakamuni) ⑥ 가섭불(迦葉佛, K-
āś-yapa) ⑦ 석가모니불(釋迦牟尼佛, Śākyamuṇi). 이상의 칠불 가운데
앞의 세 부처님은 과거에 출현하셨다고 하며 뒤의 네 부처님은 현재에
출현하셨다고 한다.

51) 육재일(六齋日): 재가신자가 팔관재계를 수지해야 하는 삼장재월(三長
齊月: 정월, 5월, 9월)의 8일, 14일, 15일, 24일, 29일, 30일.

52) 삼장재월(三長齊月): 일 년 중 살생과 과대한 소비를 그치고 보다 검소
한 생활을 해야 하는 세 달. 삼장재월(三長齊月)은 생류가 출현하는 정
월과 생류가 번식하는 5월, 생류가 생식하는 9월이다. 이때 재가신자
는 팔관재계를 수지해야 한다.

53) 초계비구(草繫比丘):《현우경》제5《사미수계자살품》에 보이는 한 비
구의 목숨을 건 계율 수지에 관한 이야기.《대장엄경론》제3에 자세히
수록되어 있다.
   "나는 이와 같이 들었다. 옛날 한 비구가 홀로 광야를 여행하다가 도적
을 만나 발우를 모두 빼앗기고 옷도 모두 빼앗겼다. 그때 도적들은 이
비구를 살려두면 마을로 달려가 사람들에게 알릴 것이므로 죽이는 것
이 좋겠다고 생각했다. 그러나 도적 중의 한 사람이 죽일 필요는 없고
비구들의 법으로는 풀 한 포기도 해칠 수 없으므로 이 비구를 풀에 묶
어놓는 것이 좋겠다고 말했다. 이에 도적들은 비구를 풀에 묶어 놓고
가버렸다. 풀에 묶인 비구는 풀이 뽑힐까봐 움직이지도 못하고 있었
다. 옷도 모두 빼앗겨서 뜨거운 태양과 벌레들이 그를 괴롭혔으나 이
비구는 끝내 계를 지키고 있다가 지나가는 사람에 의해 마침내 풀에서

풀려났다"고 하는 이야기이다.

54) 두타(頭陀) : 범어 Dhūta의 음사. 욕심을 버리고 번뇌를 털어 버린다는 뜻. 초기불교 이래 무소유, 무집착, 인욕을 체득하기 위한 불교수행자들의 수행방법. 모두 12가지 두타행법이 있다. ① 산림과 황야에서의 생활(在阿蘭若處) ② 항상 걸식한다(常行乞食) ③ 빈부를 차별하지 않고 차례대로 걸식한다(次第乞食) ④ 하루 한 때만 걸식한다(受一食法) ⑤ 밥을 욕심내어 먹지 않고 걸식한다(節食) ⑥ 오후에는 쥬스나 우유도 마시지 않는다(中後不得飮漿) ⑦ 사람들이 쓰고 버린 천으로 옷을 만들어 입는다(著弊依) ⑧ 다만 세 가지 가사만을 소지한다(但三衣) ⑨ 묘지에서 산다(塚間住) ⑩ 나무 아래에 산다(樹下住) ⑪ 지붕이나 벽이 없는 곳에 앉는다(露地坐) ⑫ 다만 앉기만 할 뿐 눕지 않는다(但坐不臥).

55) 증익수계(增益受戒) : 죄업이 너무 깊어서 현세의 몸으로는 수계할 수 없고 복덕을 쌓은 뒤에 계를 받도록 하는 것

56) 대수참회(對首懺悔) : 자신의 죄를 한 사람의 스승에게 고백하고 참회함. 시방의 불보살에게 죄를 고백하고 참회하는 것은 방등참(方等懺)이라고 한다.

57) 학(學)과 무학(無學) : 학은 계정혜(戒定慧) 삼학(三學)을 닦는 것. 무학은 번뇌가 끊어져 더 배우거나 닦을 것이 없는 성인의 경지.

58) 희론처(戲論處) : 무익하고 바르지 않은 말과 논의는 업과 번뇌를 낳을 뿐이며 처는 세속을 말함.

59) 살바야(薩婆若) : 범어 sarvajñātā의 음역. 일체지(一切智)라고 옮긴다. 일체 존재의 실상을 깨달아 아는 불보살의 지혜.

지장경 역주

1) 도리천(忉利天) : 범어 Trāyastrimśa의 역어·불교의 세계관에서 말하는 욕계 6천의 제2천. 33천이라고 번역한다. 수미산의 제일 꼭대기에 있는 천상계. 중앙에 선견성(善見城)이라는 4면이 각각 8만 유순이 되는 큰 성이 있고 이 성 안에 제석천(帝釋天)이 있다. 또한 사방으로 각각 8성이 있어서 제석천의 권속들이 살고 있다. 사방 8성인 32성과 중앙의 선견성을 더하여 33성이 된다. 이 33천에서는 반달의 3재일(三齋日)마다 성 밖에 있는 선법당에 모여서 법답고 법답지 못한 일들을 논한다고 한다.

2) 보시바라밀(布施波羅蜜) : 대승불교의 수행자. 즉 보살이 수행하는 여러 가지 수행덕목. 바라밀은 범어 prāmitā의 음역으로서 저 언덕(열반의 세계)에 건너간다(渡彼岸)고 번역한다. 모두 여섯의 바라밀이 있다. ① 공(空)의 이법을 체득하여 일체중생에게 헌신하는 보시바라밀(布施波羅蜜) ② 불교의 윤리를 실천하는 지계바라밀(持戒波羅蜜) ③ 인내하고 용서하는 인욕바라밀(忍辱波羅蜜) ④ 끊임없는 신심과 끈기로서 불법의 체득을 위해 노력하는 정진바라밀(精進波羅蜜) ⑤ 선(禪)의 길, 선정바라밀(禪定波羅蜜) ⑥ 반야의 완성, 반야바라밀(般若波羅蜜)이 있다.

3) 사천왕천(四天王天) : 욕계 6천의 사천왕천의 주인으로서 수미산의 4주를 수호하는 천신. 호세천(護世天)이라고도 하며 수미산 중턱에 머문다고 한다. 사천왕은 ① 동방을 수호하는 지국천왕(持國天王) ② 남방을 수호하는 증장천왕(增長天王) ③ 서방을 수호하는 광목천왕(廣目天王) ④ 북방을 수호하는 다문천왕(多聞天王)이며 이들은 도리천의 주인인 제석천의 명을 받아 사 천하를 돌아다니면서 사람들의 선과 악을 살피고 이를 보고한다고 한다. 우리나라 사찰에서는 사찰 입구의 천왕

문에 사천왕상을 봉안하고 사찰의 수호신으로 삼고 있다.

4) 수염마천(須焰摩天) : 이 천상계는 밤과 낮의 구별이 없으며 단지 꽃봉
오리가 열렸다가 오므라드는 것을 보고 시분을 알기 때문에 묘시분(妙
時分)이라고 한다.

5) 화락천(化樂天) : 욕계 6천 중의 제5천. 모든 것이 미묘한 즐거움으로
변하는 천상계. 《구사론》 권11, 《대지도론》 권9, 《인왕경》 권 上에서
설해지고 있다.

6) 타화자재천(他化自在天) : 범어 paranirmitava-śavartideva의 역어. 욕
계 6천 중의 하나. 타화천이라고도 한다. 욕계의 가장 높은 곳에 있는
천상계. 이 천상계에서는 남의 즐거움을 자재롭게 자기의 쾌락으로 삼
으므로 타화자재천이라고 한다. 이 천상계의 남녀는 서로 마주보는 것
으로 음행을 하고 아들을 낳으려는 생각만 하면 아들이 저절로 무릎에
나타난다고 한다. 이 천상계의 천신들의 키는 3리, 수명은 1만 6천 세
로 1주야는 인간 세상의 1천 6백년에 해당한다고 한다.

7) 마혜수라천(摩醯修羅天) : 범어 Maheśvara의 음사. 자재천이라고 번역
한다. 자재천과 대자재천의 두 종류가 있다. 자재천은 비사마혜수라천
(毘舍摩醯修羅天)이라고 하며 두 눈에 여덟 개의 팔을 가진 모습으로
흰 소를 타고 색계에 주한다고 한다. 대자재천은 정거마혜수라천(淨居
摩醯修羅天)이라고 하며 색계의 가장 높은 곳인 정정거천(頂淨居天)에
주하며 매우 훌륭한 모습을 갖고 있는 천신이라고 한다. 불교에서는
마혜수라를 섬기는 외도를 마혜수라외도(摩醯修羅外道)라고 한다.

8) 문수사리법왕자보살마하살(文殊舍利法王子菩薩摩訶薩) : 문수사리는
범어 Manjsri의 음역. 불교의 지혜를 상징하는 보살. 실천을 상징하는
보현보살과 함께 석가모니 부처님을 좌우에서 모시는 보살. 사자를 탄
형상으로 석가모니불을 왼쪽에서 모신다. 법왕자는 보살의 존칭. 국왕
에게 왕자가 있듯이 보살은 미래에 부처가 될 것이므로 왕자라고 부른
다. 특히 문수, 미륵보살을 지칭하여 법왕자라고 부른다.

9) 지장보살(地藏菩薩) : 범어 Kṣitigarbha의 역어. 대지(大地)와 같이 일
체중생을 포용하는 보살이 되며 6도중생(지옥, 아귀, 축생, 수라, 인,
천)의 죄업을 교화하여 안락으로 인도하는 보살. 특히 지옥중생을 교

지장경 역주
180

화한다고 한다. ※ 본 경의 해설 참조 바람.

10) 천룡팔부(天龍八部) : 불법을 수호하는 여덟 부류의 무리. 천(天), 용(龍), 야차(夜叉), 건달바(乾闥婆), 가루라(迦樓羅), 아수라(阿修羅), 마후라가(摩睺羅迦), 긴나라(緊那羅).

11) 삼천대천세계(三千大千世界) : 우리가 살고 있는 이 사바세계를 1소세계라고 하고 이것을 천 개 모은 것을 대천세계, 중천세계를 천 개 모은 것을 대천세계라고 한다. 이 대천세계를 세 번 모은 것을 삼천대천세계, 즉 무한의 세계를 뜻한다.

12) 항하사(恒河沙) : 항하는 인도의 갠지스 강을 뜻하며 항하사는 갠지스 강의 모래알만큼의 많은 무한수를 의미한다.

13) 십지과위(十地果位) : 보살이 닦는 수행계위. ① 환희지(歡喜地) ② 이구지(離垢地) ③ 발광지(發光地) ④ 염혜지(焰慧地) ⑤ 난승지(難勝地) ⑥ 현전지(現前地) ⑦ 원행지(願行地) ⑧ 부동지(不動地) ⑨ 선혜지(善慧地) ⑩ 법운지(法雲地).

14) 악도(惡道) : 중생이 나쁜 업보로 인해 태어나는 곳. 지옥, 아귀, 축생의 세계를 삼악도(三惡道)라고 하며 또 악취(惡趣)라고도 한다.

15) 육도중생(六道衆生) : 중생이 업보에 따라 윤회하는 여섯 가지 삶의 존재방식. 지옥(地獄), 아귀(餓鬼), 축생(畜生), 수라(修羅), 인(人), 천(天).

16) 나유타(那由陀) : 범어 Nayuta의 음사. 인도에서 매우 많은 수를 표시하는 수량의 명칭. 수천만억이라고도 하며 그 수는 반드시 동일하게 사용되지는 않는다.

17) 아승지겁(阿僧祇劫) : 겁의 수가 아승지라는 것. 아승지는 셀 수 없이 무한한 수자를 가리킨다. 수학으로도 표현할 수 없는 무한수. 겁은 범어 Kalpa의 음역. 가장 긴 시간의 단위. 우주가 존속되고 파괴되어 없어지는 하나하나의 단위, 즉 우주가 생성되는 성겁(成劫), 우주가 존속되는 주겁(住劫), 우주가 무너지는 괴겁(壞劫), 우주가 소멸되어 존재하지 않는 공겁(空劫). 이 성주괴공의 겁이 진행되는 한 주기의 겁을 대겁(大劫)이라고 한다. 겁의 무한을 나타내는 비유로서는 천녀가 백년에 한 번씩 사방 사십 리의 돌산을 문질러 다 닳아 없어지는 때가 일

겁이라는 이야기가 있다.

18) 상법(像法) : 불법이 존속하는 중간시기. 즉 부처님의 가르침이 바르게 행해지는 정법(正法)시대, 정법시대와 비슷하게 닮아서 교법과 수행은 있으나 깨달음은 없는 상법(像法)시기, 교법은 있으나 수행하는 이도 깨닫는 이도 없는 말법(末法)시대. 이 정(正), 상(像), 말(末)의 세 시기가 각각 오백 년씩이라고 한다.

19) 대철위산(大鐵圍山) : 범어 cakravāḍa의 역어. 남섬부주의 남끝에서 3억 6만 6백 63유순 되는 곳에 있다고 하며, 산 전체가 철로 이루어지고 높이와 넓이가 모두 3백 12유순이라고 한다.

20) 남염부제(南閻浮提) : 범어 Jambudvipa의 역어. 남섬부주(南贍部州)라고도 한다. 고대 인도인은 이 세계가 수미산을 중심으로 형성되어 있으며 이 산의 주변에는 구산(九山)과 팔해(八海)가 있고 그 일곱 번째 산의 주위는 바다로 둘러싸인 네 개의 섬이 있다고 생각했다. 이 네 개의 섬을 사대주(四大州)라고 한다. 동쪽에는 동승신주(東勝神州), 서쪽에는 서우화주(西牛貨州), 북쪽에는 북구노주(北俱盧州), 남쪽에는 남섬부주(南贍部州)가 있다고 한다. 이 남염부제(南閻浮提)가 지금 우리가 살고 있는 곳이라고 한다.

21) 유순(由旬) : 범어 Yojana의 음사. 고대 인도에서 제왕이 하루 행차하는 거리. 30리 혹은 40리라고 한다.

22) 삼업(三業) : 중생이 몸(身)과 말(口)과 생각(意)으로 짓는 업. 이것을 신구의(身口意) 삼업이라고 한다.

23) 아뇩다라삼먁삼보리(阿耨多羅三藐三菩提) : 범어 anuttarasamyaksam-bodhi의 음역. 무상정등각(無上正等覺), 무상정변지(無上正遍智)라고 번역한다. 불교수행의 궁극적 경지로서 '최상의 바르고 평등한 깨달음', '바르고 드넓은 지혜'를 뜻한다.

24) 제석(帝釋) : 범어 Śakrodevendra의 역어. 도리천의 왕으로서 사천왕과 삼십이천을 통솔하며 불법에 귀의한 사람들을 옹호한다고 한다. 아수라의 군대와 싸운다고 한다.

25) 전륜왕(轉輪王) : 범어 cakravarti-rāja의 역어. 고대 인도의 이상적인 제왕. 석존과 같이 32종의 외관상의 특징을 가지고 있다고 한다. 이 왕

이 즉위하면 하늘로부터 윤보(輪寶)를 받아 그것을 굴리며 전 세계를 평화적으로 정복한다고 한다. 이와같은 제왕에 대한 기대는 힌두교, 불교, 자이나교에 걸쳐서 공통된 것이다.

26) 여래(如來)……세존(世尊) : 부처님의 지혜와 덕을 나타내는 10대 명호.

27) 십선(十善) : 몸과 말, 생각으로 열 가지 악을 범하지 않고 행하는 선. 즉 ① 불살생(不殺生) ② 불투도(不偸盜) ③ 불사음(不邪淫) ④ 불망어(不妄語) ⑤ 불양설(不兩說) ⑥ 불악구(不惡口) ⑦ 불기어(不綺語) ⑧ 불탐욕(不貪欲) ⑨ 불진에(不瞋恚) ⑩ 불사견(不邪見)을 가리킨다.

28) 야차(夜叉) : Yakṣa의 음역. 불법을 옹호하는 팔부신중의 하나. 나찰과 함께 비사문천의 권속으로 북방을 수호한다고 한다. 야차에는 천야차(天夜叉), 지야차(地夜叉), 허공야차(虛空夜叉)가 있으며 천야차, 허공야차는 날 수 있는 비행 야차이지만 지야차는 날 수 없다고 한다.

29) 인비인(人非人) : 사람과 사람 아닌 존재. 팔부신중과 사람을 구별하여 부르는 호칭. 사람 아닌 것은 부처님이 설법하시는 장소에 사람의 모습으로 변하여 온 천신 등을 가리키기도 한다. 단 주의해야 할 점은 팔부신중 가운데의 긴나라(緊那羅, kimnara)를 한역불전에서는 인비인(人非人)이라고 옮기고 있어서 혼동할 수 있다. 관음경(觀音經) 등에서는 긴나라와 인비인을 구별하여 사용하고 있다.

30) 삼십삼천(三十三天) : 도리천의 또 다른 이름. 주 1) 참조 바람.

31) 당(幢)이나 번(幡) : 법당을 장식하는 장엄도구. 당은 장대 끝에 용머리 형상으로 꾸미고 비단깃발을 단 것. 번은 갖가지 교리를 상징하는 장엄불을 매달아 법당 안에 설치하는 장엄도구. 모두 불보살의 지혜와 공덕을 나타내고 중생들을 이끌어 마군들을 굴복시키는 표치.

32) 염라천자(閻羅天子) : 죽은 자의 세계, 즉 지옥세계를 지배하는 신. 염라는 범어 Yama의 음역.

33) 육욕천(六欲天) : 불교에서 설하는 욕계(欲界), 색계(色界), 무색계(無色界)의 삼계 중 욕계에 속하는 여섯 가지 천상계. ① 사왕천(四王天) ② 도리천(忉利天) ③ 야마천(夜摩天) ④ 도솔천(兜率天) ⑤ 화락천(化樂天) ⑥ 타화자재천(他化自在天).

34) 법계(法界) : 범어 dharmadhātu의 역어. 차별적인 세간계와 대비되는 깨달음의 세계.

35) 회향(廻向) : 범어 pariṇāma의 역어. 보살의 수행덕목. 자신이 닦은 바 공덕과 깨달음을 일체중생에게 되돌리는 것.

36) 정거천(淨居天) : 색계의 제4선천(第四禪天). 다시는 생노병사의 이 세계를 윤회하지 않는 결과(不還果)를 증득한 성인이 나는 천상계. 무번천(無煩天), 무열천(無熱天), 선현천(善現天), 선견천(善見天), 색구경천(色究竟天)의 다섯 하늘이 속해 있다.

37) 단월(壇越) : 범어 danapati의 음사. 시주(施主)라고 옮긴다. 보시를 행하는 사람 신도.

38) 관세음보살(觀世音菩薩) : 범어 Avalokiteśvara의 역어. 즉 세간의 소리를 관찰하여 중생을 제도하는 보살. 관세음보살은 천수천안의 보살이라고 불릴 만큼 무한한 방편과 인연으로 중생들에게 자비를 베풀고 깨달음으로 인도하는 대승불교의 대표적인 보살이다. 관음경에서는 관세음보살이라고 표기하고 있지만 반야계 경전에서는 주로 관자재보살(觀自在菩薩)이라고 표기한다. 특히 현장(玄奘) 삼장이 번역한 반야심경에서는 관자재보살이라고 옮기고 있으며 지혜륜(智慧輪) 삼장이 번역한 반야심경에서는 관세음자재보살(觀世音自在菩薩)이라고 옮기고 있다. 즉 관세음보살은 자비를 강조하는 호칭이며, 관자재보살은 지혜를 강조하는 호칭이다. 그러나 일반적으로 관세음보살은 자비를 상징하는 보살로 더 많이 알려져 있다.

39) 오쇠상(五衰相) : 천인오쇠라고도 한다. 천인(天人)이 복덕이 다하여 죽으려 할 때 다섯 가지 형태로 나타나는 쇠퇴상. 경전에 따라 그 내용이 약간 다르다. 열반경 권19에 의하면 ① 옷에 때가 묻는다. ② 머리의 화관이 시들고 ③ 몸에서 나쁜 냄새가 난다. ④ 겨드랑이에서 땀이 난다. ⑤ 자신의 주처가 즐겁지 않다.

40) 삼계(三界) : 중생들이 살아가고 있는 세계를 그 특성에 따라 세 가지로 나눈 것. 즉 욕계(欲界), 색계(色界), 무색계(無色界). 욕계는 정욕과 식욕을 가진 중생들의 세계, 색계는 앞의 정욕과 식욕은 버렸으나 아직 물질의 제약을 받는 세계, 무색계는 욕망이나 물질의 제약을 받지 않

는 세계.

41) 오신채(五辛菜) : 자극성이 강해 먹으면 음심을 일으키고 자주 화를 내게 하여 수행에 방해가 되므로 먹어서는 안 되는 식물. 마늘, 부추, 파, 달래, 홍거.

42) 허공장보살(虛空藏菩薩) : 범어 Akasagabhara의 역어. 허공을 창고로 삼을 만큼의 지혜와 방편을 가진 보살.

43) 보리심(菩提心) : 보살도의 수행자가 발해야 하는 마음. 진리를 향해 걸어가는 마음. 보리는 Bodhi의 음사로서 깨달음, 도(道), 진리라고 옮긴다. 즉 지금까지 세간적인 것에만 집착하고 있던 자기존재, 마음의 깨달음의 실현, 불도(佛道)의 실천으로 돌리는 것이 보리심을 일으키는 것이다.

범망경 해설

불교윤리의 근본경전

《범망경(梵網經)》에 등장하는 최고의 부처님은 노사나불(盧舍那佛)이다. 노사나불은 비로자나불의 다른 이름으로서 전 우주를 교화구역으로 삼는 부처님이다.

노사나불의 우주는 연화대장세계해(蓮華臺藏世界海)이다. 우주의 중심에는 거대한 연화대가 있고 그 위에 노사나불은 체성허공화광삼매(體性虛空花光三昧)에 들어서 천 송이의 연꽃 위에 앉아 있는 천 명의 석가모니불에게 불가사의한 광명을 발한다. 이 광명은 다시 연화대에 앉아있는 천백억의 석가모니불을 비추어 낸다.

이렇게 영원한 지혜와 자비광명의 상호융합에 의해 우주는 하나의 거대한 샹들리에처럼 빛나게 된다. 그후 석존은 그 거대한 빛의 샹들리에에서 떠나와 자신이 깨달음을 증득한 붓다가야의 보리수 아래에 이르러 이 《범망경(梵網經)》을 설하기 시작한다. 이것이 범망경의 시작이다.

이와 같이 《범망경》에서 묘사되고 있는 노사나불의 세계는 온 우주의 생명과 사물들이 서로 깨달음의 빛을 반사하는 인드라망의 세계이다.

번뇌와 숙업의 오염이 모두 사라진 깨달음의 법계에서는 모든 중생이 진주로 엮은 그물처럼 서로 지혜와 자비의 빛을 발한다. 이것을 불법에 의한 빛의 상호융합이라고 말한다.

《범망경》은 분석적 사고나 인위적인 분별에 의한 실천을, 아직 더 닦음이 남아 있는 상대적인 세계로 규정하고 더 나아가 상대와 절대를 초월한 궁극적인 법의 존재방식에 기초한 윤리의 실천이 《범망경》의 웅대한 목표이다.

그러므로 《범망경》에서 설해지는 보살계는 석존의 마음을 실천하는 불성계(佛性戒), 본래 오염이 없는 청정심을 실천하는 심지계(心地戒)라고 일컫는 것이다.

마치 거북이의 껍질처럼 등에 지고 다닐 수밖에 없는, 인간의 무거운 숙업(宿業, 한 생이 아닌 여러 생에 걸쳐서 쌓이고 쌓인 업)과 번뇌라고 할지라도, 일단 노사나불의 빛을 받으면 우주가 해탈의 세계이며 이 세계 자체가 우주가 된다.

그러나 단 우리는 이기심에 사로잡혀 있기에 진정한 보리심을 발하지 못하고 해탈의 마음을 실현하는 불성계(佛性戒)의 세계에 눈뜨지 못하는 것이다.

아무리 많은 불교경전이나 계율이 있더라도 자기 스스로 깨닫고 실천하지 않으면 경전이나 율장은 번뇌의 백과사전, 엄격한 규제의 백과사전에 지나지 않는다.

범망경의 구성과 내용

《범망경》에서 설해지는 보살계(菩薩戒)는 출가와 재가, 남녀의 차이가 없이 모든 불교인들이 완성해야 할 불교윤리의 드높은 품격을 보여준다. 그러나 《범망경》은 단순히 어떤 규칙를 강요하기보다는 부처님의 마음을 실천하는 불성(佛性), 우리들의 청정한 마음, 그 본질적인 실천만으로 불교윤리는 완성되는 것이라고 설한다.

《범망경》은 설한다.

"나의 본사 노사나불께서 심지(心地)의 가르침을 설하셨으니 처음 보리심을 발하고 항상 독송하시던 계율을 광명금강보계(光明金剛寶戒)라고 한다. 이 계는 모든 부처님의 본원이며 모든 보살의 본원이며 불성의 씨앗이다. 일체중생이 모두 불성을 갖추고 있으니 일체의 의식(意識)과 색(色), 심(心)이 모두 불성의 계(戒)에 포함되나니 항상 영원히 인(因)이 있는 까닭에 법신이 상주하는 것이다."

이와 같이 보살계는 출가, 재가의 구별 없이 수지하고 실천해야 하는 대승불교의 심지계(心地戒)인 동시에 일체중생이 본래 갖추고 있는 불성을 먼저 자각할 것을 요청함과 동시에 그 자각을 윤리적 실천의 기초로 인식하고 있다.

그렇다면 《범망경》은 어떤 경전인가?

현재 《범망경》의 범어 원본은 전해지지 않으며 구마라집(鳩摩羅什)이 번역한 한역본만이 전해진다.

범망경의 원제는 《불설범망경보살심지품하(佛說梵網經菩薩心地品下)》이며 간략히 《범망경》이라고 부르고 있다.

《범망경》에서는 보살이 수지해야 하는 십중대계(十重大戒)와 사십팔경계(四十八輕戒)를 설한다. 십중대계는 보살의 바라이죄(波羅夷罪)에 해당하는 열 가지 중요한 근본계율이고 사십팔경계는 보살이 수지하고 배워야 할 마흔 여덟 가지 가벼운 계율이다.

이 계율들에 담긴 기본 윤리는 불교도들의 근본적인 행동 규범인 자비(慈悲), 명리사욕(名利私欲)의 금지, 불도수행에의 끊임없는 노력, 그리고 현대의 환경보호운동가들이 주의를 기울여 배워야 할 환경보호의 정신이 매우 깊은 생태학적 기준에서 설해지고 있다.

우리나라의 불교교단에서는 신라시대부터 이 《불설범망경보살심지품》 하권을 《범망경보살계본(梵網經菩薩戒本)》이라고 부르고 이 보살계본의 정신을 불교수행의 윤리적 지침으로 삼아왔다.

우리나라에 《범망경》이 최초로 전해진 것은 대략 학계에서는 신라 원광법사(圓光法師)가 중국 유학에서 돌아온 진평

왕 22년(600) 이후라고 보고 있다. 즉《삼국유사》권4, 〈원광서학조(圓光西學條)〉에는 '불교에 보살계가 있어 그 조목에 열 가지가 있다. 그러나 그대들은 신하가 된 몸이므로 능히 감당하기가 어려울 것이다. 여기에 세속 5계가 있다'라는 문구가 있는 것으로 보아, 범망경 보살계는 적어도 서기 600년 이후에는 신라에 들어와 있었다는 것을 밝히고 있다.

신라시대만 하더라도 원효, 의적(義寂), 태현(太賢)과 같은 고승들이 있어서 범망경 보살계의 연구에 전념하여 양적 질적으로 세계적인 연구서를 남기고 있다. 뿐만 아니라 범망경 보살계는 우리나라 불교도들의 윤리적 기초이기도 하다.

신라, 고려시대에는 국왕으로부터 서민에 이르기까지 보살계를 받았으며 숭유억불(崇儒抑佛)의 시대였던 조선시대에도 수많은 불교도들이 보살계를 받았다. 또 보살계본은 민간에 널리 유포되어 독송되어졌으며 또한 현대에 이르러서도 전국의 여러 사찰에서 보살계 수계법회를 자주 열 정도로《범망경》은 한국불교의 전통윤리이자, 실천지침으로서 불변의 위치를 차지하고 있는 것이다.

불교윤리의 완성

지금까지 우리는《범망경》의 내용과 구성, 보살계의 사상에 대해서 살펴 보았다. 우리는 다음의 몇 가지 사항에 유념

하면서 오직 상황윤리만이 횡행하고 우리가 마땅히 걸어가야 할 인간으로서의 길을 잊고 있는 황폐한 상품주의 문명의 새로운 방향을 깊이 숙고해야 할 것이다.

첫째,《범망경》은 불교의 개방되어 있는 우주관과 그 장려한 정신을 보여줌으로써 우리의 이기심과 폭력성이 얼마나 비좁고 무모한 것인지 보여준다.

이와 같이 우주적 무한에 도달한 세계관에서만이 강제적인 규제나 억압에 의해서가 아닌 스스로의 자각과 능동적 실천을 통해 인간의 자각과 윤리적 행위의 드높은 완성을 지향할 수 있기 때문이다.

둘째,《범망경》에서 설해지는 불교윤리의 기본 바탕은 깨달음, 자각으로 통하는 마음이며 모든 생명체가 이 마음의 깨달음을 통해서 상호 연결되어 있는 존재이다.

그러므로 항상 자신의 이기심에 의해서 행동하는 습관을 고쳐서 상대의 입장을 생각하고 자비심을 잊지 않는 불교도가 되어야 한다.

셋째,《범망경》보살계는 부처님의 마음을 실천하는 불성계(佛性戒)이며, 우리의 오염되지 않는 심지계(心地戒)이다. 이와같은 불성계, 심지계를 실천하기 위해서는 보리심을 발해야 한다.

보리심이란 불도를 수행해야 하는 인간으로서의 성실한 의지를 가리키며 일종의 회심(回心)이다. 즉 지금까지 세간적인 것에만 탐착하고 있던 자기 존재, 마음을 깨달음의 실현, 불교의 실현으로 돌리는 것이다.

보살계란 바로 이와 같이 세간적인 것에만 몰두하고 있던 자기 존재, 마음의 깨달음의 실현, 대승불교의 실천으로 전환한 보살도 수행자가 실천하는 드높은 불교윤리인 것이다.

지장경 해설

지장경과 지장보살

《지장경》은 지장보살(地藏菩薩)의 중생 구원에의 열망과 헌신을 설한다. 그리고 인간의 그 깊은 악업과 지옥의 세계를 설한다.

불교의 궁극적인 목표인 윤회에서의 해탈은 결국 업보의 완전한 소멸과 마음의 웅대한 깨달음이라는 종교적 공간을 완벽하게 통과하지 않으면 이루어질 수 없는 지극히 어려운 과제이다.

우리는 맹목적으로 깨달음에 집착하고 또 불교교리의 숙달을 통해서 지극히 어려운 그 과제를 풀 수 있다고 여긴다. 그러나 인간의 업보가 남아 있는 한 그 지극히 어려운 과제는 역시 머나먼 별나라의 이야기에 지나지 않을 것이다.

그래서 인간업보의 숙명성을 진솔하게 인정하고 구원의

길을 설하는《지장경》은 어느 경전보다도 진실한 인간의 호흡을 담고 있다.

《지장경》의 주인공은 역시 지장보살이다. 이 경전에서는 불교의 찬란한 상징 석가모니불도, 문수보살이나 정자재보살, 보현, 보광, 관세음보살 같은 대보살들도 지장보살의 거룩한 공덕을 찬탄하는 조연으로 등장한다.

그렇다면 지장보살은 누구인가?

지장보살은 범어 고시타가르바(Ksitigarabha)의 역어로서 대지(大地)와 같이 일체중생을 포용하는 대승불교의 이상적 인간상, 즉 보살이다. 그래서《대승대집지장십륜경(大乘大集地藏十輪經)》에서는 지장보살에 대하여 이렇게 설한다.

"이 위대한 보살은 모든 미묘한 공덕을 갈무리하고 있으며 모든 해탈의 진귀한 보배가 나오는 문이다. 마치 여의보주가 뭇 재보를 비오듯 내리는 것처럼 중생들이 바라는 바에 따라서 모두 만족케 한다."

뿐만 아니라 지장보살은 여러 대승경전에 다채로운 얼굴로 등장하여 대승불교의 이타정신을 설한다.

즉《관음경》의 지지보살(持地菩薩),《최승왕경》의 묘당보살(妙幢菩薩),《지도론》의 금강지지보살(金剛持地菩薩)도 모두 지장보살의 또 다른 이름이다.

《지장경》에서도 지장보살은 수많은 분신(分身)으로 죄업을 지은 일체중생들에게 근거에 알맞는 방편을 베풀어 구원하는 '구원의 보살'로 묘사되고 있다.

특히 지장보살의 전문 교화구역은 지옥이다. 수많은 겁 이전에 지옥중생의 구원을 서원한 지장보살은 영겁의 수레 바퀴가 구르는 기간 내내 지옥중생의 구원에 정진하였으나 아직도 지옥중생는 남아 있다. 그 이유는 중생의 깊은 미혹 때문에 업의 길에서 벗어났다가 다시 지옥에 떨어지는 중생 이 끊임없이 많기 때문이라고 지장경은 설한다.

그만큼 지장경은 지옥중생에 대한 지장보살의 자비심과 보살도 실천의 무한성을 재삼 확인하고 있는 것이다. 그래 서 옛부터 절집에는 '지옥문 앞에선 지장보살의 눈물이 마 를 날이 없다'는 속담이 전해지고 있는 것이다.

여기서 하나의 게송을 소개하기로 한다.

지장보살이 한가히 노닌다고 말하지 말라
지옥문전에 서서 눈물 거둘 날이 없나니
악업을 짓는 사람 많고
선업을 닦는 사람 적나니
지옥중생 교화하기에
어느 땐들 쉴 수 있을 것인가

이처럼 지장보살은 일체 모든 중생이 다 해탈하기 전에는 결코 혼자만의 해탈은 이루지 않겠다는 서원을 가진 보살인 것이다. 어느 누가 혼자만의 해탈을 성취한다고 하더라도 그것은 완전한 해탈이 아닌 것이다.

지장경에서 설하는 지옥

현대사회에서 우리는 지장보살, 혹은 지옥의 업보에 관한 이야기를 듣게 되면 '낡은 이야기'라고 치부하게 된다.

그러나 삶의 법칙에 관한 한 오래된 주제일수록 더욱 새로운 개성을 갖는 법이다. 가령 인류가 오랫동안 안고 있는 사후의 세계에 관한 의문 역시 그 여부를 99% 부정하더라도 1%의 의문이 남는다면 이 문제는 결코 소홀히 다루어질 수 없는 문제이다.

그렇다면 지옥이란 무엇인가?

지옥이란 물론 악업의 과보로 잔혹한 징벌을 받는 사후의 세계이다. 괴로움이 극치를 이루는 세계, 인간이 죽은 뒤 그 죄업의 성질에 따라 여러가지 지옥에 떨어져서 온갖 괴로움을 받는 세계이므로 즐거움은 없고 잔혹한 고통만이 기다리고 있는 세계인 것이다.

《지장경》에서는 수많은 종류의 지옥이 설해진다. 지옥의 사상을 설하는 불교경전에 공통적으로 나타나는 특성은 모든 인간에게는 사후의 심판이라는 과정이 누구에게나 주어진다. 그러므로 사후에 좋은 과보를 얻고자 한다면 그에 합당하는 선행을 쌓아야 한다는 것이다.

이렇게 본다면 사후의 심판에서는 빈부의 차이나 신분의 고하를 가리지 않는 절대적 평등을 보장받게 되는 것이다. 즉 '법 앞에서의 만인평등'인 것이다.

지장보살은 설한다.

"어진이여, 이 여러 가지 지옥들은 모두 남염부제에서 악업을 행하는 중생들의 업력으로 생겨나는 것입니다. 업의 힘은 매우 커서 능히 수미산과 같아서 성스러운 진리의 길을 막습니다. 그러므로 중생들은 아무리 작은 악이라도 죄가 되지 않는다고 가벼이 여기지 말아야 합니다. 아무리 작은 악이라도 죽은 뒤에는 과보를 받아야 하며 부모와 자식이 지극히 친하더라도 가는 길이 각각 다르고 비록 서로 만날지라도 대신 받을 수가 없습니다."

그토록 잔혹한 징벌의 세계인 지옥도 모두 우리의 업력으로 만들어지며 아무리 사소한 악행이라도 그 과보는 분명하다는 것이다.

여기서 중요한 점은 지옥이 누군가 만들어 놓고 죄인이 오기를 기다리는 곳이 아니라 죄업중생인 우리 자신의 업력에 의해서 만들어진다는 것이다.

그러므로 악업이 있는 한 지옥도 영원한 것이다.

지옥에서 받는 잔혹한 형벌의 종류와 지옥의 구조를 유심히 살펴보면 그것은 모두 지금 우리가 살고 있는 세계의 의식구조, 행동방식과 조금도 다르지 않다. 바로 우리의 업력이 투영되어 존재하는 세계이기 때문인 것이다.

지장경 해설

그러므로 지금부터라도 자신의 업력에 대해 성찰하고 석존의 길을 성실히 따르는 마음을 낸다면 지옥이 존재할 만한 근거가 더 이상 생겨나지 않는다는 입장이 《지장경》에 숨은 사상이다.

이와 같이 《지장경》에서 설하는 지옥의 사상은 인간의 행위에 대한 엄격한 자기성찰을 전제로 하고 있다는 것을 깨달을 필요가 있다. 결코 사람들을 겁주기 위한 황당한 이야기가 아닌 것이다.

지옥은 불교가 설하는 타계관념(他界觀念)중의 하나이지만 단순히 관념으로만 끝나지 않는 실존의 세계이다. 지옥과 극락이란 우리들의 마음 속에 있는 업보가 구체적으로 표현된 세계이면서 동서에 현실적으로 존재하는 세계이기 때문이다.

지장경의 구성과 유통

《지장경》은 당대(唐代)의 역경 삼장 실차난타(實叉難陀)의 번역으로 전해지고 있으나 일찍이 어떤 경전 목록에도 기록되지 않았으며 고려대장경, 송장(宋藏), 원장(元藏)에도 수록되어 있지 않다. 다만 명장(明藏)에 처음 수록되어 있는 것으로 보아 실차난타의 번역이 아니라 후대의 번역이라고 추정하는 학자들도 있다. 또한 《대승대집지장십륜경》의 설을

근간으로 후대에 새로 씌어진 경전[僞經]이라는 주장도 있다. 그러나 여기서는 지장경의 성립에 관한 상세한 설명은 하지 않기로 한다.

지금부터 《지장경》 전 13품의 명칭과 내용을 간략히 소개하기로 한다.

제 1 도리천궁의 신통

본 경의 서막. 부처님이 어머니 마야부인을 위하여 도리천궁에서 설법하고 계실 때 수많은 제불보살, 천신과 천룡팔부가 운집한다. 부처님은 이들 모두를 과거에 지장보살이 교화하였으며 현재에도 교화하고 있고 미래에 교화할 것이라고 설한다. 이에 문수사리가 지장보살의 서원과 위신력을 부처님께 묻자, 지장보살이 과거생에 효심 깊은 바라문의 딸로서 어머니를 위하여 각화정자재여래에게 기원하고 지옥에 떨어진 어머니를 구원했다고 설하신다. 또한 지옥의 위치와 모습이 설해진다.

제 2 분신의 모임

지장보살의 수많은 분신들이 부처님이 계신 도리천궁에 모인다. 그때 부처님께서는 금빛 팔을 펴서 분신들을 수기(授記)하시고 "……사바세계에 미륵불이 나타나실 때까지 모든 중생을 해탈케 하여 모든 괴로움에서 영원히 벗어나게 할 것"을 부촉한다. 지장보살의 분신들은 갖가지 방편으로 모든 국토에서 중생을 제도하겠다고 서원한다.

제3 중생의 업연

부처님의 어머니 마야부인이 지장보살에게 중생이 지옥에 떨어지는 업연과 지옥의 고통에 대해서 묻는다. 지장보살의 답변이 수록되어 있다.

제4 중생이 받는 업보

부처님께서 지장보살의 전생이었던 광목이라는 여인의 이야기를 설하고 중생들의 갖가지 죄업에 관한 지장보살의 교화방편을 설한다.

제5 지옥의 이름

지옥에 관한 보현보살의 질문에 지장보살은 여러 지옥의 명칭과 형벌의 종류, 형벌에 사용되는 형구의 종류를 설한다.

제6 여래의 찬탄

부처님께서 보광보살에게 지장보살의 위신력과 공덕을 찬탄하고 미래 중생이 지장보살상에 예배공양함으로써 얻는 공덕에 관해 설한다.

제7 모든 목숨들을 이익케 함

임종하는 사람이나 그 가족이 부처님의 가르침을 따르고 지장보살의 명호나 형상에 예배공양함으로써 얻는 공덕에 관해 설한다.

제8 염라왕들에 대한 찬탄

염라천자가 여러 귀왕(鬼王)들을 데리고 와서 지장보살의 교화를 설명하고 지장보살을 도와 중생교화에 나서겠다고 서원하자 부처님께서 염라왕들을 찬탄한다.

제9 부처님의 명호

지장보살이 과거에 나타난 여러 부처님들을 찬탄한다.

제10 보시의 공덕

일체의 빈궁한 중생에 대한 보시와 무너진 탑사, 불상, 경 진의 수리, 조성공덕을 설한다.

제11 땅의 신이 불법을 옹호함

땅의 신이 부처님께 지장보살의 공덕을 땅의 비유로써 여 쭙고 지장보살의 형상이나 《지장경》을 받들고 유포하는 공 덕을 설한다.

제12 보고 들어서 얻는 이익

부처님께서 여러 가지 크고 미묘한 광명을 발하시고 관세음보살이 지장보살에게 예배공양함으로써 얻는 불가사의한 이익과 《지장경》의 독송에 관한 이익을 묻는다. 부처님께서는 그 이익을 말씀하시고 게송으로써 답하신다.

제13 신과 인간에게 부촉함

부처님께서 지장보살의 위신력을 찬탄하시고 허공장보살의 질문에 따라 지장보살을 예배찬탄하심으로써 얻는 갖가지 공덕을 설한 뒤 《지장경》의 독송과 유포를 천신과 인간에게 부촉한다.

이상이 지장경의 구성과 내용이다.

지장경은 우리나라에서는 16세기 이후, 자주 언해(諺解)되었으며 시왕신앙(十王信仰)과 결부되어 민간에 널리 유통되었다. 특히 신앙심 깊은 노보살들에게 매우 애호되어온 이 경은 지금까지 각 사찰에서 끊임없이 배포하고 있는 경전이다.

최근의 젊은 불자들은 지장경이 지장보살의 지옥중생 교화를 설하는 경전이라는 선입관을 갖는 경향이 있다.

그러나 《지장경》은 그 구성의 탁월함과 인간의 심리에 관한 세밀한 묘사를 전개하고 있어서 불교적인 인간 구원의 문제를 생각하고 있는 독자라면 그 드높은 가치를 알 수 있으리라고 본다.

경전은 그것이 정통의 경전이거나 위경(僞經)이거나 그

경전이 성립된 사상적인 배경과 신앙이 있기 마련이다. 우리는 그 점을 존중하기로 하자. 그리고 반드시 정통의 경전이라고 해서 그 경전의 값을 다하는 것은 아니다. 서고에만 박혀 있으면 아무리 정통의 경전이라고 한들 무슨 의미가 있겠는가?

역자소개 : 一 指

1974년 출가, 해인강원과 율원 수료.
선사상(禪思想), 월간법회(月刊法會)에서
편집일을 했으며 〈현대중공의 불교인식〉으로
해인상 수상. 다수의 논문과 함께
저서《붓다·해석·실천》《달마에서 임제까지》
《중관불교와 유식불교》《떠도는 돈황》
역서로《임제록》《傳心法要》
《중국 문학과 禪》《풍관불교와 유식불교》등이 있다.

불교경전 ⑧

범망경 지장경

1994년 5월 30일 초판 1쇄 발행
2014년 6월 25일 초판 6쇄 발행

옮긴이— 일   지
펴낸이— 윤 재 승
ⓒ펴낸곳— 민 족 사

등록 제1-149호, 1980. 5. 9.
서울 종로구 삼봉로 81 두산위브파빌리온 1131호
전화 (02) 732-2403~4, 팩스 (02) 739-7565
홈페이지 // www.minjoksa.org
E-mail / minjoksabook@naver.com

값 10,000원

ISBN 978-89-7009-171-6 04220

● 경전은 부처님의 말씀입니다.
● 경전을 소중히 합시다.